文化品鉴

主　编　杨　敏　户景峰　孙明贺
副主编　李素芳　张从罗　樊雪雅
参　编　董丹若　鲍炜磊　郝东旭
李春青　杨瑶然　李　霞
张　津　何丽丽　张　敏
韩　晶　朱彦方

中国财富出版社有限公司

图书在版编目（CIP）数据

文化品鉴／杨敏，户景峰，孙明贺主编．—北京：中国财富出版社有限公司，2021.12（2023.1重印）

ISBN 978－7－5047－7620－4

Ⅰ.①文…　Ⅱ.①杨…②户…③孙…　Ⅲ.①中华文化　Ⅳ.①K203

中国版本图书馆CIP数据核字（2021）第265211号

策划编辑　李　丽　　责任编辑　于珊珊　　版权编辑　李　洋
责任印制　尚立业　　责任校对　孙丽丽　　责任发行　杨　江

出版发行　中国财富出版社有限公司
社　　址　北京市丰台区南四环西路188号5区20楼　　邮政编码　100070
电　　话　010－52227588转2098（发行部）　　010－52227588转321（总编室）
　　　　　010－52227566（24小时读者服务）　　010－52227588转305（质检部）
网　　址　http://www.cfpress.com.cn　　排　　版　宝蕾元
经　　销　新华书店　　印　　刷　宝蕾元仁浩（天津）印刷有限公司
书　　号　ISBN 978－7－5047－7620－4/K·0237
开　　本　787mm×1092mm　1/16　　版　　次　2022年3月第1版
印　　张　12　　印　　次　2023年1月第2次印刷
字　　数　221千字　　定　　价　46.00元

前　言

中华文明源远流长，生生不息。接受文化的熏陶，感悟生命的真谛，强壮思想的筋骨，汲取生存的智慧，是每个炎黄子孙义不容辞的责任和使命。中华传统文化教育越来越受到关注，它在对学生进行素质教育、人格塑造和品德修养方面愈发显示出其独特的魅力和强大的作用。

《文化品鉴》专为中职生选编，是集知识性、趣味性、可读性于一体的教材，旨在使学生对中华传统文化的体系和精髓有一个较为完整的宏观了解和把握，受中华传统文化之熏陶，使学生热爱中华传统文化，进而提高学生的中华传统文化素养。本书介绍了中华传统节日文化、中华饮食文化、中华茶文化、中华地方文化、中华酒文化、中华戏曲文化等项目，本书内容生动有趣，通俗易懂，非常符合中职生的学习特点。

具体编写分工：杨敏、户景峰、孙明贺负责本书框架设计与审稿定稿工作。项目一走进中华传统文化：由杨敏、樊雪雅负责编写。项目二中华传统节日文化：由杨敏、孙明贺负责编写。项目三中华饮食文化：由杨敏、董丹若负责编写。项目四中华茶文化：由樊雪雅、户景峰负责编写。项目五中华地方文化：由李素芳、董丹若负责编写。项目六中华酒文化：由韩晶、朱彦方负责编写。项目七中华戏曲文化：由张从罗负责编写。鲍炜磊、郝东旭、何丽丽、李春青、张津、李霞、杨瑶然、张敏参与编写工作。

由于编者水平有限，编写时间仓促，难免有遗漏和不足之处，敬请专家学者和读者朋友批评指正。

编　者

2021 年 7 月

目录

项目一
走进中华传统文化

知识目标

使学生通过对日常生活的观察，感受文化存在的普遍性及多样性；使学生通过对不同文化现象的对比分析，理解中华传统文化的内涵和主要特征；体察中华传统文化作为一种精神力量对社会生活的影响。

能力目标

通过列举身边的文化现象，培养学生准确表达对中华传统文化看法的能力；通过对比文化现象的差别，培养学生全面分析问题的能力；通过深入理解中华传统文化的内涵，培养学生综合归纳观点的能力。

情感态度目标

引起学生对中华传统文化的兴趣；认同中华传统文化是中国宝贵的物质和精神财富；使学生增强提高中华传统文化素养的意识和自觉性。

任务一　体味文化

知识梳理

中华传统文化，是中华民族各种文化、思想、精神观念形态的综合体。中华传统文化以孔子为代表的儒家文化为主体，是中国数千年历史中延绵不断的政治、经济、思想、艺术等各类物质和非物质文化的总和。

中华文明史，基本上奠定了中国人的文化、思想、行为基础。接受优秀的中华传统文化的教育熏陶，就会知晓道德底线的存在，就能够辨别基本的善恶。优秀的中华传统文化是中国古圣先贤几千年经验、智慧的结晶，其拥有强大的生命力，其表现出来的是深刻的民族内涵和辉煌灿烂的中华文明。

古代时“华”字和“花”字的意思一样，引申为美丽而有光彩，古代中原地区的人们认为自己居住在衣冠整齐而华丽的文明地区，所以自称为华。作为华夏民族，我们的历史文化就像花一样鲜艳美丽。民族风俗凝聚着人们对美好事物的向往，中国历史的画卷把华夏儿女的生活装点得多姿多彩：有精美绝伦的工艺品，有如诗如画的山水园林，有叹为观止的民间艺术，有让人折服的诗词曲赋，有可歌可泣的历史典故，有书法国画、著作名书、民间传说，等等。

想一想

同学们品尝过八大菜系吗？知道什么是茶道吗？了解手工工艺美术品的品种吗？

一、中华传统文化的内涵和主要特征

（一）内涵

中华传统文化，是中华民族各种文化、思想、精神观念形态的综合体，是指居住在中国地域内的中华民族及其祖先所创造的、为中华民族世世代代所继承发展的、

具有鲜明民族特色的、历史悠久的、内涵博大精深的文化。

（二）主要特征

（1）世代相传。中华传统文化在不同的历史时期或多或少的有所改变，但是大体上没有中断。

（2）民族特色。中华传统文化是中国特有的，与世界上其他民族的文化不同。

（3）历史悠久。中华传统文化有五千多年的历史。

（4）博大精深。“博大”是说中华传统文化的广度——丰富多彩，“精深”是说中华传统文化的深度——高深莫测。

二、文化“万花筒”

（一）文化现象：无时不在、无处不在（普遍性）

回顾人类社会发展历程，从原始部落的“图腾崇拜”到现代社会的“信息高速公路”，文化现象无时不在。当人还在母腹中时，通常就已开始通过胎教接受文化的洗礼；出生后，又在咿呀学语中接受父母传递的文化信息。在成长过程中，人常听的音乐歌曲、常看的电视节目和报刊书籍，无一不是文化现象。

文化与人的生活息息相关。人读书有“学习文化”，吃饭有“饮食文化”，住房有“建筑文化”，出行有“旅游文化”，在中心都市有“都市文化”，在周边的乡镇有“乡镇文化”，在遥远的村落有“村落文化”……环顾人身边的生活，有丰富多彩的“校园文化”“社区文化”，还有转瞬间已不再新奇的“网络文化”等，文化现象无处不在。

（二）文化形式：多种多样、丰富多彩（多样性）

文化多样性指社会和社会中的各群体借以表现其不同文化的多种不同形式。文化多样性不仅体现在人类文化遗产通过丰富多彩的文化表现形式来表达、弘扬和传承，还体现在借助各种方式和技术进行艺术的创造和传播。文化多样性是人类社会的基本特征，也是人类文明进步的重要动力。我们既要认同本民族的文化，培育好、发展好本民族的文化，又要尊重其他民族的文化，相互借鉴，求同存异。

（三）文化特色：不同区域各具特色（地域性）

一方水土孕育一方文化，一方文化影响一方经济、造就一方社会。不同区域的自然资源和人文资源滋养了不同特色的文化，这说明文化受地理环境、历史因素的影响。

在中华大地上，孕育出了不同特质、各具特色的地域文化，诸如中原文化、三秦文化、燕赵文化、中州文化、齐鲁文化、三晋文化、湖湘文化、蜀文化、巴文化、徽文化、赣文化、闽文化……

三、中华传统文化纵览

中华传统文化包括中华传统节日文化、传统中医、琴棋书画、中华饮食文化、中华茶文化、手工艺术、建筑文化等。

（一）中华传统节日文化

中华传统节日文化形式多样，内容丰富，是中华民族悠久历史文化的组成部分。中华传统节日文化的形成过程是中华民族或中国的历史文化长期积淀凝聚的过程。“每逢佳节倍思亲。”中华传统节日文化最容易唤起对亲人、对家庭、对故乡、对祖国的情感，唤起对民族文化的记忆、对民族精神的认同。每逢中华传统节日，人们心中便涌动着共同的情感和期盼。

（二）传统中医

中医学以阴阳五行作为理论基础，将人体看成气、形、神的统一体，通过望、闻、问、切的方法，使用中药、针灸、推拿、按摩、拔罐、气功、食疗等多种治疗手段，使人体达到阴阳调和而康复。

（三）琴棋书画

书法被誉为：无言的诗，无行的舞，无图的画，无声的乐。国画强调“外师造化，中得心源”，国画要求“意存笔先，画尽意在”。根据《周礼》，中国古代乐器分八音，即金（钟等）、石（磬等）、土（埙等）、革（鼓等）、丝（琴瑟等）、木、匏（笙等）和竹（管、箫等）。围棋，古称“弈”，意为：“你投一子我投一子”，象棋称“博”，“博行于世而弈独绝”。

（四）中华饮食文化

中华饮食文化历史悠久、风格独特，是中国烹饪数千年发展的结晶，中国烹饪在世界上也享有盛誉。中国八大菜系有粤菜、苏菜、浙菜、湘菜、徽菜、川菜、闽菜、鲁菜。

（五）中华茶文化

茶道起源于中国，是品茶赏茶的美感之道。茶道亦被视为一种烹茶饮茶的生活艺术，一种以茶为媒的生活礼仪，一种以茶修身的生活方式。它通过沏茶、赏茶、闻茶、饮茶，增进友谊，美心修德，学习礼仪，领略传统文化。

（六）手工艺术

手工艺术是中华传统文化的一个重要组成部分。手工艺术是指以手工劳动制作具有独特艺术风格的工艺美术品的技艺。手工工艺美术品的品种非常丰富，如竹编、草编、手工刺绣、蓝印花布、蜡染、手工木雕、泥塑、剪纸等。各地的手工工艺美术品具有不同特色，充分展示了中国手工艺术的风采。

（七）建筑文化

中国建筑一般指汉式建筑，以斗拱和屋檐为最大特点，配以园林、庭院，营造出文人雅士的高尚情怀。

中华传统文化博大精深。如何博大？怎样精深？本书详细为同学们介绍中华传统节日文化、中华饮食文化、中华茶文化等中华传统文化。

任务二 儒道思想

知识梳理

儒家思想是先秦诸子百家学说之一，由孔子创立，后来以此为基础逐渐形成完整的儒家思想体系。春秋战国时期，老子集古圣先贤之大智慧，总结了古老的道家思想的精华，形成了道家完整的理论体系，标志着道家思想正式成型。走进中华传统文化，首先就要全面理解儒道思想。

想一想

为什么春秋战国时期，教育和学术领域发生巨大变化，出现了“百家争鸣”的局面？

一、儒家思想

儒家思想指的是儒家学派的思想，由春秋末期的思想家孔子所创立。孔子创立的儒家思想是在总结、概括和继承夏、商、周三代传统文化的基础上形成的一个完整的思想体系。儒家思想注重人的自身修养，主张与身边的人建立一种和谐的关系。例如，对待长辈要尊敬要讲礼貌；朋友之间要真诚要守信用；为官者要清廉爱民，要仁政爱民；做人要有自知之明，尽分内事；对待其他人要博爱；对待上司要忠诚；对待父母要孝顺。儒家思想包括仁、义、礼、智、信、恕、忠、孝、悌。

（一）“百家争鸣”和儒家思想的形成

春秋末期，孔子创立儒家思想。孔子儒家思想的核心是“仁”。要求人与人之间要互相爱护，融洽相处，要宽容待人。他强调统治者要以德治民，反对苛政和任意刑杀。他希望恢复西周的礼乐制度，使每个人的行为符合礼的要求。孔子在教育上主张“有教无类”，打破了贵族垄断文化教育的局面。孔子被后人尊称为“万世师表”和“至圣”。

战国时期，孟子和荀子是儒家学派的两位代表人物。孟子主张“仁政”，进一步提出“民为贵，社稷次之，君为轻”的民本思想，在伦理观上主张“性本善”，主张通过实行仁政来回复和扩充人的善性。荀子主张以德服人，提出“君舟民水”的著名论断，强调人民群众的力量是巨大的。荀子提出“性本恶”，强调用礼乐来规范人的行为，使人向善。经过孟子、荀子的优化和发展，儒家思想体系更加完整，儒家思想更能适应社会的需要。战国后期，儒家思想发展成为诸子百家中的蔚然大宗。

（二）“罢黜百家，独尊儒术”

董仲舒是汉代儒家学派的代表人物。他把诸子百家中道家、法家和阴阳五行家的一些思想糅合到儒家思想中，加以改造，形成了新的儒家思想体系。董仲舒适应汉武帝加强中央集权的需要，提出“春秋大一统”和“罢黜百家，独尊儒术”的主张。他认为大一统是天地的常理，国家的需要；要维护政治的统一，必须实行思想上的统一。他提出不在儒家六经范围之内的各家思想都应罢黜。董仲舒提出“天人合一”和“天人感应”学说，以及“君为臣纲、父为子纲、夫为妻纲”和仁、义、礼、智、信五种为人处世的道德标准，后人称为“三纲五常”。它有利于巩固君权，维护统治秩序。董仲舒的思想主张对于扭转当时社会内外松弛的局势十分有利，汉武帝接受他的建议并付诸实行。

汉武帝起用儒学家参与国家大政。从汉武帝时起，儒学经典成为国家规定的教科书。公元前136年，汉武帝正式规定《诗》《书》《礼》《易》《春秋》为“五经”，并设立专事研究和传播五经的教官，称为“博士”。公元前124年，汉武帝根据董仲舒的建议，兴办太学，规定太学生为博士弟子，一律由儒家五经博士负责教授，学完五经考试合格即可到政府任官。太学的兴办，打破了以往由贵族官僚世代为官的陈规，也大大提高了儒学的地位。汉武帝还下令在全国各郡县设立学校，初步建立了地方教育系统。此后，儒家思想成为历代统治者推崇的正统思想，逐渐成为两千多年来中国传统文化的主流。

（三）程朱理学

宋代时，形成了以“理”为核心的新儒家思想体系——“理学”。其中，北宋的程颢、程颐兄弟和南宋的朱熹成就最为突出，因此“理学”也称为“程朱理学”。

“程朱理学”认为：天理是宇宙万物的本原，万物皆只有一个天理，主张先有理而后有物，这是理学的核心思想。“程朱理学”把天理和伦理道德直接联系起来，认为人伦就是天理。朱熹是理学的集大成者，他强调理之源在于天理，而天理就是作为道德规范的三纲五常，它是人性的最高境界；朱熹还指出人性本来与天理一致，但被后天的欲望所蒙蔽，所以强调“存天理，灭人欲”。“程朱理学”提出“格物致知”的认识论，认为只有深刻探究万物，才能真正得到其中的“理”。他们主张通过学习达到对普遍天理的认识。“格物致知”目的在于明道德之善，而不是求科学之真。

“程朱理学”在当时备受推崇，成为南宋以后长期居于统治地位的官方哲学。朱熹编著的《四书章句集注》，成为后世科举考试依据的教科书。

（四）“陆王心学”

南宋时期，理学家陆九渊把“心”作为宇宙万物的本原，提出“心”就是“理”的主张，认为天地万物都在心中。他认为穷理不必向外探求，只需反省内心就可得到天理。他的学说被称为“心学”。明朝中期以后，封建专制统治陷入危机。王阳明认为，社会动乱的原因是人心破坏所致，只有通过整治人心，才能挽救统治。王阳明成为心学的集大成者。这一学派也称为“陆王心学”。

在认识论上，王阳明提出“致良知”和“知行合一”学说。他认为良知是人所固有的善性，但往往被私欲侵蚀，人要努力加强道德修养，去掉人欲，恢复良知的本性。明朝中期以后，“陆王心学”得到广泛传播。

二、道家思想

道家思想以“道”为核心，认为大道无为、主张道法自然，提出道生法、以雌守雄、刚柔并济等政治、经济策略，具有朴素的辩证法思想，道家思想对中国乃至世界文化都产生了巨大的影响。

（一）道家思想的起源与发展

道家思想的起源，可以一直追溯到泰古二皇。春秋时期，老子集古圣先贤之大智慧，总结了古老的道家思想的精华，形成了无为无不为的道德理论。道家思想的形成以总结、发展、著典籍为主要路径，每一次思想的跳跃都经历了众人长时间的积累，这也再一次凸显了道家思想的生命力。

战国末期编写的《吕氏春秋》一书以道家思想为主干，融合了各家学说。

汉朝建立后，由于长期战乱的破坏，国家和人民需要休养生息，因此开始选择道家思想作为治国思想，并形成了“文景之治”的盛世。

汉武帝执政后，采纳董仲舒的建议，“独尊儒术”，道家思想的发展暂时受到压制。

魏晋南北朝时期，道家思想重新复活。

魏晋南北朝后，虽然道家思想屡次成为大乱之后治国的良策，但它多数时候只能在哲学、科技等方面继续发挥作用。直到唐宋时期道家思想又发展至鼎盛。

晚清，随着西方思想的冲击，儒家统治秩序受到强烈冲击，道家思想再次复兴。

（二）代表人物

老子，姓李名耳，字聃，一字伯阳，或曰谥伯阳，春秋末期人。中国古代思想家、哲学家、文学家和史学家，道家学派创始人和主要代表人物，与庄子并称“老庄”。在道教中被尊为始祖，称“太上老君”。在唐朝，被追认为李姓始祖。曾被列为世界文化名人，世界百位历史名人之一。

在政治上，老子主张无为而治、不言之教。在权术上，老子讲究物极必反之理。在修身方面，老子讲究虚心实腹、不与人争的修持。

庄子，战国中期思想家、哲学家、文学家。战国时期道家学派代表人物，与老子并称“老庄”。庄子在哲学思想上继承和发展了老子“道法自然”的思想观点，成为道家学派的重要代表人物，与老子并称“道家之祖”。庄子认为，“道”是客观真实的存在，“道”是宇宙万物的本源。

任务三　中国武术

知识梳理

中国武术，是中华民族智慧的结晶，是中华传统文化的体现。它讲究刚柔并济，内外兼修，是华夏儿女长期积累起来的宝贵文化遗产。

想一想

同学们都知道哪些中国武术大家？他们凭借什么闻名天下？

中国武术在世界上影响广泛，不仅出现了大量以中国武术为题材的中外影视作品，更有少林、太极、咏春拳等中国武术在全球广泛传扬。

一、中国武术的演进

武术，是止戈的技术，是消停战事的技术。武术分别体现在国家的国防实力和个人的安全防卫方面，在不同的时期和不同的地方，有不同形式的应用。

原始社会，使用武术一方面是为了自卫，另一方面是为了猎取生活资料，后来人们为了争夺财富，进而制造了更具杀伤力的武器。殷商时期，随着青铜业的发展，出现了一些铜制武器，如矛、戈、斧、刀、剑等。同时，也出现了这类武器的使用技法，如劈、扎、刺、砍等技法。春秋战国时期，铁器出现，步骑兵兴起，为了使步骑兵在作战中发挥作用，将长柄武器变成短柄武器。汉时，有了剑舞、刀舞、双戟舞等，其具有明显的技击性。两晋南北朝时期，视剑为具有神秘色彩的法器。隋唐五代时期，随着封建社会经济的发展和繁荣，武术重新兴起。明代是武术大发展的时期，出现了不同风格的技术流派，拳术、武术器械也都得到了发展。清代统治者禁止百姓练武，民间则以“社”“馆”的形式传授武术，其中比较著名的武术拳种有太极拳、八卦掌、形意拳、八极拳等。

中华人民共和国成立后，国家对武术的发展和传承非常重视，多次举行全国性武术比赛或表演大会。国家组织创编了比赛规定套路，编制了群众武术所需要的初级套路和简化太极拳等，使武术活动逐步科学化。全国大中小学把武术列为体育课教学内容之一，青少年业余体校也开设武术班，各地武术协会设立各种形式的武术辅导站。

二、中国武术的精神

（一）忠于国家民族

历代的仁人志士均怀有“寸寸山河寸寸金”“甘心赴国忧”的情怀。在武林人士身上，这一情怀得到了鲜明的体现。如少林寺有歌诀道："罚惩恶歹忠国家，永为民族功绩创。"

（二）仗义济民

武德倡导的"永为百姓解困苦，普度众生扶危困""惩治恶霸和歹徒，解救黎民济良善"充分体现了这一点。

（三）勇敢、不怕牺牲

武林人士崇尚勇敢，不怕牺牲。拳谚中"一胆、二力、三功夫"之说将"胆"（勇敢）放在首位。

（四）诚信谦让

拳谚告诫人们："天外还有天，一满即招损"。拳谚甚至说："一招即为师"。拳谚又力主："让人一掌理不亏"。武德倡导："宁可受人打，决不先打人""绝技只对暴客施，若逢良善莫出把"。

（五）勤奋艰苦

凡是到少林寺参观的人，看了练功堂（千佛殿）里武僧曾经站立的地方陷下去几寸深，无不为武僧勤奋、艰苦的练功精神所感动，无不衷心地赞叹。的确，少林武术之所以出类拔萃、名扬天下，是源于历代武僧艰苦、勤奋的练习。

拳谚"要想武艺好，从小练到老""夏练三伏，冬练三九"也是习武之人勤奋的体现。

三、中国武术的分类

武术的分类有不同方法，早在战国时代的《司马法》中，就有"长兵""短兵"的分法，并以兵器的长短，确定其战术的要求："长兵以卫，短兵以守"。通常将中国武术分为以下两类：

第一类是基本功和基本动作，如腿功、腰功、肩功和各种单势练习，它们是套路运动和对抗运动的基础，可以长期单独练习。

第二类是套路运动。套路运动按照一定的规章要求把许多动作编成整套动作来练习。套路运动分为四个部分：

1. **拳术**

拳术包括长拳、南拳、形意拳、八卦掌、太极拳、八极拳、通臂拳、劈挂拳、翻子拳、象形拳、地躺拳。

2. **器械**

器械包括短器械，如刀、剑等；长器械，如棍、枪等；双器械，如双刀、双剑等；软器械，如九节鞭、三节棍等。

3. **对练**

对练包括徒手对练、器械对练和徒手与器械对练。如拳术对练、擒拿对练、空手夺刀对练等。

4. **集体项目**

集体项目一般指六人或六人以上的徒手或持器械的集体演练。如集体基本功、集体剑、集体鞭等。

四、中国武术的派别

中国武术的派别繁多，可以按地域、传承与起源、技巧（套路）特点等方式进行分类与命名。以下简要介绍少林派、武当派、峨眉派、崆峒派。

1. **少林派**

少林派发源于河南嵩山少林寺。少林派是中国武术中传播范围较广、发展历史较长、创立拳种较多的武术门派，因出于中岳嵩山少林寺而得名。

2. **武当派**

武当派因其发源于湖北的武当山而得名。武当派武术起源于元末明初，盛行于明末清初，由张三丰所创。

3. **峨眉派**

峨眉派发祥于四川峨眉山，在明代形成了自己的技法和风格，其中以峨眉拳较为著名。

4. **崆峒派**

崆峒派是中国武术派别之一，创始于崆峒山。崆峒派武术取众家所长，在手法、套路、技击功夫上讲究实打。

任务四　中国琴棋文化

知识梳理

文人开门七件事，琴棋书画诗酒茶。可见琴与棋在中华传统文化里占有极其重要的地位。

想一想

琴棋书画中，为什么琴排首位呢?

琴棋书画，又称为“四艺”，因其是古代文人雅士、上流社会士大夫修身所应具备的技能，所以琴棋书画也被称为“文人四友”。以下主要介绍琴文化和棋文化。

一、中国琴文化

古琴，又称瑶琴、玉琴、七弦琴，是中国传统拨弦乐器，有三千年以上的历史。古琴音域宽广，音色深沉，余音悠远。

古琴造型优美，常见的为伏羲式、仲尼式、连珠式、落霞式、灵机式、蕉叶式、伶官式、神农式、响泉式、凤势式、师旷式、亚额式、钟离式、剑式等。著名古琴“九霄环佩”就是伏羲式。古琴一般长约三尺六寸五，象征一年 365 天；古琴面圆底扁，象征着天与地。

中国古琴名曲有《高山流水》《潇湘水云》《梅花三弄》《阳关三叠》《醉渔唱晚》《渔樵问答》《胡笳十八拍》《广陵散》《平沙落雁》《阳春白雪》等。周代的“号钟”、春秋的“绕梁”、汉代的“绿绮”“焦尾”、唐代的“春雷”“九霄环佩”“大圣遗音”“独幽”“太古遗音”、明代的“奔雷”为中国古代十大名琴。

古琴因其清、和、淡、雅的品格寄寓了文人风凌傲骨、超凡脱俗的处世心态，从而在琴棋书画中居于首位。

二、中国棋文化

中国棋文化是东方文化的重要组成部分，它不同于一般的消遣游戏，它还影响着人们的道德观念、行为准则、思维方式。中国棋文化中的恬淡、豁达、风雅、机智和军事、哲学、诗词、艺术共聚一堂。黑白之间，楚河汉界内外，中国棋文化带来的启悟和内涵被无限拓展，棋盘之外的天地被融合为一。方寸棋盘，具有磨炼人的意志、陶冶人的情操、振奋人的精神的作用。

在中国具有代表性的棋类是围棋与象棋，它们是中华传统文化的重要组成部分。

（一）围棋

围棋，是一种策略型两人棋类游戏，起源于中国，中国古时称“弈”。后逐渐流行于东亚国家（如日本、韩国、朝鲜等）。围棋蕴含着中华传统文化的丰富内涵，它是中华传统文化与文明的体现。

围棋使用方形格状棋盘及黑白二色圆形棋子进行对弈，棋盘上有纵横各19条线段将棋盘分成361个交叉点，棋子走在交叉点上，双方交替行棋，落子后不能移动，以围地多者为胜。因为执黑棋方有先行占地之利，故而规则中人为规定执黑棋方局终时要给执白棋方贴子。围棋被认为是世界上最复杂的棋盘游戏。中日韩等各国制定的围棋竞赛规则略有不同。

（二）象棋

象棋，是中国传统棋类益智游戏，在中国有着悠久的历史。由于其用具简单，趣味性强，成为流行极为广泛的棋类游戏。象棋不仅是中国棋文化的重要组成部分，而且是中华民族的文化瑰宝。

任务五　中国书法

知识梳理

中国书法是中国特有的一种传统文化及艺术表现形式，是汉字书写的一种法则。中国书法是以笔、墨、纸等为主要工具材料，通过汉字书写，在完成信息交流实用功能的同时，以特有的造型符号和笔墨韵律，融入人们对自然、社会、生命的思考，从而表现出中国人特有的思维方式、人格精神与性情志趣的一种艺术实践。在历经数千年的发展历程后，中国书法已成为中华传统文化的代表性符号。

想一想

中国书法发展至今已经有数千年的历史了，其最初的功能就是方便记载文史。后来中国书法慢慢地发展成一门集实用性、欣赏性和收藏性为一体的视觉艺术，这就是中国书法发展的一个大概轨迹，那么从艺术角度如何欣赏书法呢？具体来说，中国书法审美主要体现的是什么呢？

一、中国书法以汉字为载体

中国书法之所以是中国特有的艺术表现形式，是因为它除了特有的书写工具即所谓的“文房四宝”（笔、墨、纸、砚）之外，最重要的因素是书法是以汉字为载体，汉字书写具有平衡和谐美、线条流畅美、整齐而有变化、均匀而有对比的特点。因此可以说，汉字的形体美与汉字的形象性，决定了书法的艺术美。一个个汉字就像一幅幅图案，这是西方的拼音文字所不能比拟的。汉字的无穷无尽的形体变化，给书法艺术的章法结构提供了广阔的天地，也使毛笔在宣纸上施展的丰富笔法大有用武之地。因此说，没有汉字就没有中国的书法艺术。

中国书法是汉字的艺术，那么，学习中国书法，要了解有关汉字文化方面的知识，熟悉汉字的各种字体演变及发展史。其实，中国书法的发展史就是汉字字体的演变及发展史，二者是统一的。

二、中国书法的主要书体

汉字字体的演变及发展史，也是中国书法的发展史。汉字字体的发展史和书法书体的发展史源远流长。在漫长的汉字字体发展历程中，形成了众多的字体和书体，如甲骨文、金文（也称钟鼎文）、大篆、小篆（也称秦篆）、隶书、楷书（也称真书、正书）、行书、草书等书体。

人们现今见到的早期汉字是殷商时代的甲骨文，从中可以看出中国早期汉字及书法形式美的基本要素，如笔法及字法结构上的均衡、对称、简洁、稳定以及章法上的变化等，都基本上形成了。从金文、秦碑、汉简以及魏晋南北朝时期的碑刻、碑帖等，都可以看出汉字与书法的演变和发展，每种字体都具有自己特有的美感和艺术风格。如甲骨文具有古朴美，金文具有高雅美，篆书具有端庄美，楷书具有方正美，行书具有潇洒美，草书具有飞动美等。可谓春兰秋菊，各擅其美。

篆书分大篆和小篆。大篆是在甲骨文、金文（钟鼎文）的基础上演变而来的。

隶书之名源于东汉。隶书的出现是中国汉字的一次大改革，使中国书法进入一种新的境界，是汉字演变史上的一个转折点，其奠定了楷书的基础。隶书字体扁平，工整而精巧，具有书法艺术美。

楷书是从隶书逐渐演变而来的，其字体由扁改方，笔画中简省了隶书的波势。三国时期著名书法家、政治家钟繇是楷书（小楷）的创始人，被后世尊为“楷书鼻祖”。楷书盛行于六朝，鼎盛于唐代。代表人物有书圣王羲之、王献之，以及颜真卿、柳公权、欧阳询等。

草书，是为书写便捷而产生的一种书体，共有章草、小草、大草三种。代表人物有东汉的张芝、唐代的张旭和怀素等。

行书，是介于草书与楷书之间的一种字体。行书萌发于两汉，盛行于魏晋，至东晋产生了以王羲之为代表的行书风格，唐代中期至宋代，颜真卿行书开一代新风，明代晚期至清代是行书发展的飞跃阶段。行书分“行楷”和“行草”。代表人物还有苏轼、黄庭坚、米芾、蔡襄、董其昌等。

三、中国书法与文房四宝

“夫工欲善其事，必先利其器。”中国书法之所以成为世界上独特而鲜明的艺术，跟其“器”即笔、墨、纸、砚有直接的关系。文房四宝成就了中国书法这门独特而鲜明的艺术；中国书法也对笔、墨、纸、砚的发展起着推动作用。

说一说

根据书法作品的思想内容、艺术风格，书写目的、应用场合、特定作者的艺术意趣、具体构思……书法作品历来形成了多种多样的类型。从作品的幅式（品式）方面来看，常见的类型有哪些呢？看谁说得又多又好？

扫码得答案

做一做

为把汉字写得正确、端正、整洁、美观，从整体上提高书写质量，引起学生对书写的高度重视，培养学生正确的书写习惯，特举行一次硬笔书法比赛。要求如下：

1. 书写要求：以“国家·校园”为主题，书写内容健康向上，具有创新性，字数为200~300字，字体不限，作品要整洁、美观、大方，使用规范汉字，不得使用繁体字，不得有错字、别字，不漏字不添字，不涂改。

2. 纸张要求：A4纸，如下图所示。

参赛者姓名：　　　　班级：　　　　班主任：

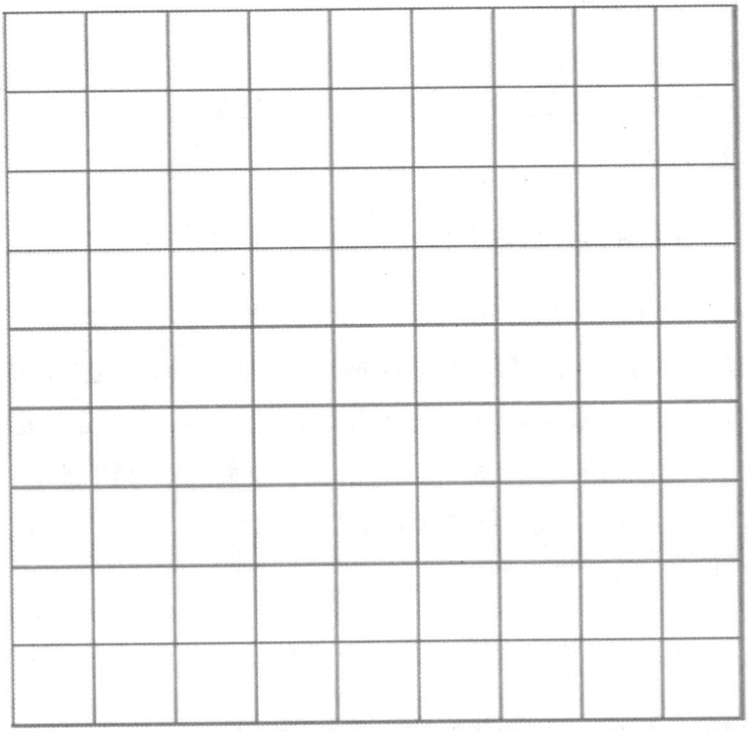

硬笔书法比赛纸张样式

任务六　十二生肖

知识梳理

十二生肖，是中华传统文化的重要组成部分，由 11 种自然界的动物以及传说中的龙组成，用于纪年。经过历史考证，十二生肖起源于春秋战国时期。

想一想

请猜以下谜语，同学们知道是什么吗?

说它多，真是多，全国每人有一个。

说它少，真是少，全国只有十二个。

十二生肖传说故事

十二生肖可以用来判断年龄，但是到底哪个生肖在前，哪个生肖在后呢？请大家一起来欣赏故事吧。

（一）十二生肖的传说故事之一：十二生肖排序

当年黄帝要选十二种动物担任宫廷卫士，猫托老鼠报名，老鼠给忘了，结果猫没有选上，从此猫与鼠结下冤家。其余的动物，原本推牛为首，老鼠却蹿到牛背上，猪也跟着起哄，于是老鼠排第一，猪排最后。虎和龙不服，它们分别被封为山中之王和海中之王，排在鼠和牛的后面。兔子又不服，和龙赛跑，结果排在了龙的前面。狗又不平，一气之下咬了兔子，为此被罚排在了倒数第二。蛇、马、羊、猴、鸡也经过一番较量，一一排定了位置。

（二）十二生肖的传说故事之二：十二生肖中老鼠为什么排第一呢？

十二生肖中，怎么让小老鼠排在第一名呢？相传，报名那天，老鼠起得很早，牛也起得很早。它们在路上碰到了。牛个头大，迈的步子也大，老鼠个头小，老鼠跑得上气不接下气。老鼠心里想：路还远着呢，我快跑不动了，这可怎么办？它脑子一动，想出个主意来，就对牛说：“牛兄弟，牛兄弟，我来给你唱个歌。”牛说：“好啊，你唱吧！咦，你怎么不唱呀？”老鼠说：“我在唱哩，你怎么没听见？哦，我的嗓门儿太细了，你没听见。这样吧，让我骑在你的脖子上唱，你就听见了。”牛说：“好吧！”老鼠就爬上了牛脖子，让牛驮着它走，可舒服了。它摇头晃脑的，真的唱起歌来：“牛兄弟，牛兄弟，过小河，爬山坡，驾，驾，快点儿啰！”牛听得乐了，撒开腿使劲跑，跑到报名的地方一看，谁也没来，高兴地叫起来：“我是第一名！”牛还没把话说完，老鼠从牛脖子上一蹦，蹦到地上，吱溜一蹿，蹿到牛前面去了。结果是老鼠得了第一名，牛得了第二名。所以，小老鼠给排在最前面了。

（三）十二生肖的传说故事之三：十二生肖为何无猫

传说很久以前，人们说：“我们要选十二种动物作为人的生肖，一年一种动物。”天下的动物有多少呀？怎么个选法呢？这样吧，定好一个日子，这一天，动物们来报名，就选先到的十二种动物作为十二生肖。猫和老鼠是邻居，又是好朋友，它们都想去报名。猫说："咱们得一早起来去报名，可是我爱睡懒觉，怎么办呢?"老鼠说："别着急，别着急，你尽管睡你的大觉，我一醒来，就去叫你，咱们一块儿去。"猫听了很高兴，说："你真是我的好朋友，谢谢你了。"到了报名那天早晨，老鼠早就醒来了，可是它光想到自己的事，把好朋友猫的事给忘了，就自己去报名了。结果，老鼠被选上了。猫呢？因为睡懒觉，起床太迟了，等它赶到时，十二种动物已被选定了。猫没有被选上，就生老鼠的气，怪老鼠没有叫它，从此以后，猫见了老鼠就要吃它，老鼠就只好拼命地逃，直到现在还是这样。

说一说

同学们都知道，生肖有十二个，分别是鼠、牛、虎、兔、龙、蛇、马、羊、猴、鸡、狗以及猪。同样，在古代，人们把一天划分成十二个时辰。那么十二生肖与十二时辰之间有什么对照关系呢?

扫码得答案

做一做

"子鼠、丑牛、寅虎、卯兔、辰龙、巳蛇、午马、未羊、申猴、酉鸡、戌狗、亥猪"，请同学们背诵十二生肖口诀，看谁背得又快又准。

项目总结

任何一个民族、任何一个国家，都应具有自己的文化特色，都应保护自己的文化遗产。中华传统文化是中国的特色，是中国宝贵的物质和精神财富，是中国数千年的文化积累，同学们要从中吸取精髓，使中华传统文化发扬光大。本项目概述了中华传统文化，涉及儒道思想、中国武术、中国琴棋文化、中国书法、十二生肖，同学们可以细细品味其中的魅力。

知识检测

1. 下列不属于中华传统文化的是（　　）。

A. 交响乐　　B. 十二生肖　　C. 中国书法　　D. 中国武术

2. 中国武术起源于中国原始社会的（　　）。

A. 军事战争　　B. 猎取生活资料　　C. 休闲娱乐　　D. 祭祀活动

3. “四艺”中排在首位的是（　　）。

A. 琴　　B. 棋　　C. 书　　D. 画

4. 下列哪种动物不属于十二生肖（　　）。

A. 蛇　　B. 马　　C. 龙　　D. 猫

活动思维

请同学们讲讲生活中涉及的中华传统文化，同时说说生活中涉及的中华传统文化给你们带来什么影响？

综合运用

人们通常认为，掌握了科学知识的人就是“有文化”或“文化水平高”的人，但是当某个人的言行有悖于社会公德时，人们往往又会说这个人“没文化”。

（1）材料中的“没文化”是不是说此人的文化水平低？

（2）有人认为文化就是科学知识，这种说法对吗？为什么？

扫码得答案

项目二
中华传统节日文化

知识目标

使学生了解中华传统节日的来历和习俗，了解中华传统节日的传说故事，理解其中所蕴涵的文化内涵。

能力目标

使学生能够运用历史视野和人类文化学的相关知识，解析中华传统节日中的文化现象，使学生具备较为深厚的中华传统节日文化素养。

情感态度目标

使学生对中华传统节日文化产生认同感和热爱之情，民族自豪感和自信心得到提升。

任务一　中华传统节日的来历和习俗

知识梳理

中华传统节日形式多样，内容丰富多彩，是我们中华民族悠久历史文化的组成部分。从这些流传至今的节日习俗里，可以清晰地看到古代人民社会生活的精彩画面。中华传统节日有春节（农历正月初一）、元宵节（农历正月十五）、清明节（阳历 4 月 5 日前后）、端午节（农历五月初五）、七夕节（农历七月初七）、中秋节（农历八月十五）、重阳节（农历九月初九）、冬至节（阳历 12 月 21—23 日）、腊八节（农历腊月初八）等。自 2008 年起，在中国国家法定节假日中，加入了清明节、端午节、中秋节三个传统节日。

想一想

历史证明，一个没有科技的民族一打就垮，而一个没有文化的民族不打自垮。青少年作为未来社会的中流砥柱，他们应该怎样去了解、学习中华传统节日文化呢?

一、春节的来历和习俗

（一）春节的来历

春节和年的概念，最初的含义来自农业，古时人们把谷的生长周期称为“年”。传说在夏代产生了夏历，以月亮圆缺的周期为月，一年划分为 12 个月，每月以不见月亮的那天为朔，正月朔日的子时称为岁首，即一年的开始，也叫年。年的名称是从周朝开始的，至了西汉才正式固定下来，一直延续到今天。春节，中国四大传统节日之一，是传统上的农历新年。春节俗称“年节”，传统名称有新年、大年、天腊、新岁，口头上又称度岁、庆新岁、过年。中国人过春节已有 4000 多年的历史。在民间，传统意义上的春节是指从腊月初八的腊祭或腊月二十三或二十四的祭灶，一直到来年的正月十五。在现代，人们把春节定于农历正月初一，但一般至少要到农历正月十五新年才算结束。1949 年 9 月 27 日，在中国人民政治协商会议第一届全体会议上，通过了使用国际社会上大多数国家通用的公历和公元作为历法与纪年，把公历的一月一日定为元旦，俗称阳历年。因为农历正月初一通常在立春前后，所以把农历正月初一定为“春节”，俗称阴历年。在春节这一传统节日期间，中国的汉族和大多数少数民族都要举行各种庆祝活动，这些活动大多以祭祀神佛、祭奠祖先、除旧布新、迎禧接福、祈求丰年为主要内容。活动形式丰富多样，带有浓郁的民族特色。春节的时间（农历正月初一）一般在公历 1 月 21 日至 2 月 21 日之间变动。“最早的春节”（如 1966 年的 1 月 21 日）和“最迟的春节”（如 1985 年的 2 月 20 日）相差整一个月。根据历法计算，如果对农历不进行人为调整的话，2319 年 2 月 21 日将迎来“史上最晚春节”，此前春节最迟出现在公历 2 月 20 日，分别为 1920 年和 1985 年。

（二）春节的习俗

1. 贴春联

春联亦名“门对”“对联”“桃符”等，因在春节时张贴而得名。它以工整、对偶、简洁、精巧的文字描绘时代背景，抒发美好愿望，是我国特有的文学形式。每逢春节，无论城市还是农村，家家户户都要精选一幅大红春联贴于门上，为节日增加喜庆气氛。这一习俗在明代开始盛行，到了清代，春联的思想性和艺术性都有了很大的提高。

2. 贴年画

春节贴年画在城乡也很普遍，浓墨重彩的年画给千家万户增添了许多兴旺欢乐的喜庆气氛。年画是我国的一种古老的民间艺术，反映了人民朴素的愿望，寄托着他们对未来的希望。年画内容丰富多彩，如《福禄寿三星图》《天官赐福》《五谷丰登》《六畜兴旺》《迎春接福》等传统经典彩色年画，用以满足人们喜庆祈福的美好愿望。中国有三个年画的重要产地：苏州桃花坞、天津杨柳青和山东潍坊，这三个地方的年画各有特色，形成了中国年画的不同流派。

3. 发压岁钱

压岁钱是由长辈发给晚辈的，有的人家是吃完年夜饭后，人人坐在桌旁不许走，由长辈发给晚辈，并勉励儿孙在新的一年里学习长进，好好做人。有的人家是父母在夜晚待子女睡熟后，将压岁钱放在他们的枕头下。过年给压岁钱，体现出长辈对晚辈的关爱。同时，这也是一项促进家人关系融洽的民俗活动。

4. **扫尘**

“春节扫尘二十四”。据史料记载，中国在尧舜时代就有春节扫尘的风俗。按民间的说法：因“尘”与“陈”谐音，春节扫尘有“除陈布新”的含义，其用意是要把一切坏运气、晦气统统扫出门。这一习俗寄托着人们破旧立新的愿望和辞旧迎新的祈求。每逢春节来临，家家户户都要打扫卫生，清洗各种器具，拆洗被褥窗帘，洒扫六闾庭院，掸拂尘垢蛛网，疏浚明渠暗沟。到处洋溢着欢欢喜喜搞卫生、干干净净迎新春的欢乐气氛。

5. **守岁**

除夕守岁是重要的春节习俗之一。守岁之俗由来已久，最早记载见于西晋周处的《风土志》：除夕之夜，各相与赠送，称为“馈岁”；酒食相邀，称为“别岁”；长幼聚饮，祝颂完备，称为“分岁”；大家终夜不眠，以待天明，称曰“守岁”。

6. **拜年**

春节拜年时，晚辈要先给长辈拜年，祝长辈长寿安康，长辈可将事先准备好的压岁钱分给晚辈。

7. **爆竹**

中国民间有“开门爆竹”一说。即在新的一年到来之际，家家户户开门的第一件事就是燃放爆竹，以噼里啪啦的爆竹声除旧迎新。爆竹是中国特产，亦称“爆仗”“炮仗”“鞭炮”。爆竹起源很早，距今已有2000多年的历史。放爆竹可以制造出喜庆热闹的气氛，是节日的一种娱乐活动，可以给人们带来欢乐。

8. **祭祖**

新年为岁首，第一件事就是祭祀祖先。这一礼仪，有的地方称为“拜春节祭祖家堂”，因为祖宗是称为“家亲”而不是称为神的。民俗专家表示，新年祭祖的意义是慎终追远、礼敬祖先，以及祈求祖先保佑子孙后代繁荣昌盛、诸事顺意，体现了中华民族传统的伦理思想。

9. **接财神**

旧时春节接财神从子夜开财门起，有送财神的人手拿着一张纸印的财神在门外叫：“送财神爷的来啦！”这时屋里的主人为表示欢迎财神降临，便拿赏钱给来人。送财神的人口中要说些吉利话，如“金银财宝滚进来啦！”“左边有对金狮子，右边有对金凤凰”之类的口彩。

知识拓展

关于待客礼仪文化

社交生活中，待客礼仪是一门艺术。俗话说：来者是客。待客礼仪讲究热情、周到、礼貌，缺一不可。待客礼仪好的人自然而然会受到朋友的尊敬，反之不注重待客礼仪的人，来往的朋友只会减少。

一、让座与介绍

如果是长者、上级或平辈，应请其坐上座，主人坐在一旁陪同；如果是晚辈或下属，则请随便坐。如果客人是第一次来访，应该给家人介绍一下，并互致问候。然后沏茶、递烟或拿出水果、小吃等招待客人。如果请客人吃东西，应问客人是否要洗手；如果请客人吃西瓜，应准备好放瓜子、瓜皮的盘子和擦手的毛巾。

二、敬茶

在家庭待客活动中，为客人敬茶是待客的重要内容之一。待客人坐定，应尽量在客人视线之内把茶杯洗净。即使是平时备用的洁净茶杯，也要再用开水烫洗一下，使客人觉得主人很注意卫生，避免出现客人因茶杯不洁而不愿饮用茶水的尴尬局面。

要用开水泡茶，如没有开水，应立即烧煮少量以应急需，并要向客人打声招呼，请客人稍等片刻。开水沏茶，有利于溢出茶香，同时茶叶沉入杯底后有利于客人饮用。茶杯要轻放，不要莽撞，以免茶水泼洒出来，弄得茶几上湿漉漉的，即使是连抹带揩，也会影响敬客氛围；如果不小心把茶水洒在客人身上，就更加难堪。

端茶也是应注意的礼仪，应双手给客人端茶。对有杯耳的杯子，通常是用一只手抓住杯耳，另一只手托住杯底，把茶水送给客人，随之说声“请您用茶”或“请喝茶”。切忌用五指捏住杯口边缘往客人面前送茶水，这样敬茶既不卫生，也不礼貌。

斟茶动作要轻，要缓，同时注意不要一次性斟得太满。如凉茶较多，应倒去一些再斟上。斟茶应适时，客人谈兴正浓时，切莫频频斟茶。客人停留时间较长时，茶水过淡，要重新添加茶叶冲泡，重泡时最好用同一种茶叶，不要随意更换茶叶品种。

三、敬烟

如果前来拜访的客人有吸烟的嗜好，应以烟敬之。敬烟时，把烟盒打开，用手弹出几支，再请客人吸烟。客人不吸烟不可勉强。

四、谈话

谈话是待客过程中的一项重要内容，是关系到接待是否成功的重要一环。第一，谈话要紧扣主题。拜访者和接待者双方的会谈是有目的的，因此谈话要围绕主题，不要偏离主题。如果是朋友之间的交流，要找双方都感兴趣的事情谈，不要只谈自己的事情或自己关心的问题而不顾对方是否愿意听或冷落对方。第二，要注意谈话的态度和语气。谈话时要尊重他人，不要恶语伤人，不要强词夺理，语气要温和适中，不要以势压人。第三，谈话时要认真听别人讲话，不要东张西望地表现出不耐烦的表情，应适时地以点头或微笑做出反应，不要随便插话。要等别人谈完后再谈自己的看法和观点，不可只听不谈，否则，也是对他人不尊重的一种表现。第四，谈话时要注意坐姿。第五，不要频繁看表、打呵欠，以免拜访者误解为接待者在逐客。

五、陪访

陪访是接待过程中一种常见的礼仪。在陪拜访者参观、访问、游览时，要注意：首先，要在接待计划中事先安排，提前熟悉情况，以便向拜访者做详细的介绍。其次，要遵守时间，衣冠整洁，安排好交通事宜。最后，陪访时要热情、主动，掌握好分寸。

（来源于网络，有改动）

二、元宵节的来历和习俗

（一）元宵节的来历

农历正月十五是元宵节。元宵节又称上元节、元夜、灯节。相传，汉文帝（前203年—前157年）为庆祝周勃于正月十五勘平诸吕之乱，每逢此夜，必出宫游玩，与民同乐。在古代，夜同宵，正月又称元月，汉文帝就将正月十五定为元宵节。司马迁创建《太初历》，将元宵节列为重大节日。隋代、唐代、宋代以来，元宵节更是盛极一时。《隋书·卷十五 志第十》曰：“每岁正月，万国来朝，留至十五日，于端门外，建国门内，绵亘八里，列为戏场。”随着社会和时代的变迁，元宵节的风俗习惯早已有了较大的变化，但至今其仍是中华传统节日。

（二）元宵节的习俗

1. 吃元宵、吃汤圆

过完春节马上就到元宵节了，每年农历的正月十五，是中国的传统节日元宵节。元宵节又称作“上元节”，上元，含有新的一年第一次月圆之夜的意思。元宵节一个重要的习俗是吃元宵或是吃汤圆。元宵和汤圆的做法、成分、风味各异，但是吃元宵或是吃汤圆代表的意义却相同，代表团团圆圆、和和美美，日子越过越红火。家庭的和睦以及家人的团圆对于一个家庭来讲是多么重要。因此，在元宵节一定要和家人一起吃元宵或是吃汤圆。

2. 看花灯

看花灯是元宵节的传统节日习俗之一，古代元宵节，城里乡间，到处张灯结彩，盛况空前。届时，不论皇室贵戚，平民百姓，均可破常规，出游嬉闹。元宵节赏花灯也正是一个交际的好机会，未婚男女借着赏花灯也顺便可以为自己物色对象。同学们再想一想现代其实又何尝不是这样的呢？

3. 猜灯谜

既然有花灯怎么能不猜灯谜呢？猜灯谜是元宵节派生出来的一种文字游戏。将谜面贴在花灯上供人猜测，谜底多着眼于文字意义，猜灯谜已成为元宵节一种独特的民俗文化。

文化品鉴魅力

灯谜——请你猜一猜

十张口一颗心。（打一字）

蛟龙外鳞吉祥果，果肉万粒芝麻种。（打一水果）

弯弯月亮薄皮子，黄衣裹着白胖子，肠胃消化就靠它。（打一水果）

外裹一层短毛，内含无数芝麻。（打一水果）

身儿长得长，脸盘向太阳，开花黄又黄，结果香又香。（打一植物）

脸圆像苹果，甜酸营养多，既能做菜吃，又可当水果。（打一植物）

头上长触角，背着房子到处跑。（打一动物）

模样像鸡不是鸡，全身花绿好美丽。（打一动物）

小士兵，带剪刀，横着走，常吐泡。（打一动物）

小小家伙夜间明，小小个头身扁平。（打一动物）

扫码得答案

4. **耍龙灯**

耍龙灯也称舞龙，或叫龙灯舞。龙灯一般用竹木、彩纸、布等扎成。龙灯由龙头、龙身构成，龙身节数为单数，长达数丈。舞龙时，领舞者手持龙头，数十人举起紧撑龙身的木棍，随于其后，整条龙在乐声中沿着规定的路线和队列奔跑。龙就像活了一样，民间以此习俗祈求风调雨顺、五谷丰登。

5. **踩高跷**

踩高跷是民间盛行的一种群众性技艺表演。表演者不但可以踩着长木行走，还可以踩着长木跳跃和舞剑。据说踩高跷这种技艺表演，原来是古代人为了采集树上的野果，给自己的腿部绑上两根长棍增加身高而发展起来的。

三、清明节的来历和习俗

（一）清明节的来历

据传清明节始于古代帝王将相“墓祭”之礼，后来民间也仿效，于此日祭祖扫墓，历代沿袭而成为中华民族的一个传统节日。

“清明节”的得名源于中国农历二十四节气中的清明节气。一般冬至过后105天左右就是清明节气。作为节气的清明，时间在春分之后。这时冬天已去，春意盎然，天气清朗，四野明净，大自然处处显示出勃勃生机。用“清明”表述这个时期，是再恰当不过的一个词。

（二）清明节的习俗

1. **蹴鞠**

鞠是一种皮球，球皮用皮革做成，球内用毛塞紧。蹴鞠，就是用足去踢球。这是古代清明节时人们喜爱的一种游戏。相传是黄帝发明的，最初的目的是用来训练武士。

2. **踏青**

踏青又叫春游。古时也叫探春、寻春等。三月清明，春回大地，自然界到处呈现一派生机盎然的景象，正是春游的大好时光。中国民间长期保持着清明踏青的习俗。

3. **荡秋千**

这是中国古代清明节的习俗。秋千的历史很古老，最早叫千秋，后为了避忌讳，改为秋千。古时的秋千多用树的丫枝为架，再拴上彩带做成。后来逐步发展为用两根绳索加上踏板的秋千。荡秋千不仅可以增强体质，而且可以培养勇敢的精神，至今仍为人们特别是儿童所喜爱。

4. **植树**

清明前后，春阳照临，春雨飞洒，种植树苗成活率高，成长快。因此，自古以来，中国就有清明植树的习俗，这个习俗一直流传至今。1979 年，第五届全国人大常委会决定，将每年的 3 月 12 日定为中国的植树节。这对促进全国各族人民积极开展绿化祖国的活动具有十分重要的意义。

5. **清明扫墓**

清明扫墓谓之对祖先的“思时之敬”，其习俗由来已久。明《帝京景物略》载：“三月清明日，男女扫墓，担提尊榼，轿马后挂楮锭，粲粲然满道也。拜者、酹者、哭者、为墓除草添土者，焚楮锭次，以纸钱置坟头。望中无纸钱，则孤坟矣。哭罢，不归也，趋芳树，择园圃，列坐尽醉，有歌者。”

其实扫墓在秦代以前就有了，但不一定是在清明之际，清明扫墓则是秦代以后的事。到唐代才开始盛行并沿袭至今。

6. **放风筝**

放风筝也是清明时节人们所喜爱的活动。每逢清明时节，人们不仅白天放风筝，夜间也放风筝。夜间放风筝时在风筝牵线上挂上一串串彩色的小灯笼，风筝飘起来时就像闪烁的明星，因此也被称为“神灯”。

有时候，有的人把风筝放上蓝天后，便剪断牵线，任凭清风把风筝送往天涯海角，据说这样能除病消灾，给自己带来好运。

四、端午节的来历和习俗

（一）端午节的来历

据传，先秦时代，古人普遍认为五月初五不是吉祥的日子，五月是“毒月”，五日是“恶日”，从季节方面来看此时正值仲夏，毒蛇、蚊虫等有害动物开始繁衍滋生，瘟疫也开始流行。五日是阳数，重五有极阳之意，那么，阳极盛就可能会造成阴阳不谐，于是就形成了“躲午”的说法，后来口口相传就成了“端午”。

端午节据说也是古代的“卫生节”，人们会在这一天一大早起来打扫庭院，插艾，插菖蒲，洒雄黄酒，熏苍术、白芷，喝雄黄酒等。

现在很多地区都流传着挂艾一说。民谚有“清明插柳，端午插艾”一说。在端午节人们把插艾和插菖蒲作为重要内容之一。《本草纲目》记载：“艾叶能灸治百病。”可见其效。在一些地方还流传着插艾可以辟邪的说法，艾和菖蒲还具有提神通窍、健骨消滞、灭虫杀菌的功效。同时，人们还给孩子们佩戴装有“艾叶”的香囊，以达到驱邪、避虫的目的。

另外，端午节的来历还有几种其他的说法，有一种说法说是为了纪念屈原，有唐代文秀《端午》诗可以作为考证：“节分端午自谁言，万古传闻为屈原。堪笑楚江空渺渺，不能洗得直臣冤。”还有一种说法是：五月初五是古代吴越地区“龙”的部落举行图腾祭祀的日子。其主要理由是：端午节两个最主要的活动吃粽子和竞渡，都与龙相关。粽子投入水中常被蛟龙所窃，而竞渡则用的是龙舟。

（二）端午节的习俗

1. 吃粽子

端午节吃粽子估计是人们喜欢端午节的重要原因之一。粽子又叫“角黍”“筒粽”，不同的地区名字不同，样式也是千奇百怪，但是吃粽子的时间千百年来一直是每年农历五月初五前后。民间传说吃粽子是为纪念屈原，其实早在春秋时期就有了关于粽子的记载，用菰叶（茭白叶）包黍米成牛角状，称“角黍”。东汉末年，以草木灰水浸泡黍米，因水中含碱，用菰叶包黍米成四角形，煮熟，成为碱水粽。

2. 赛龙舟

龙舟通俗地说就是把船装扮成龙的模样，然后多人集体划桨竞赛的水上体育项目。至于龙舟的起源其实很可能不是源于纪念屈原，因为龙舟早在战国以前就有了。在急鼓声中划动刻成龙形的独木舟，做竞渡游戏，用以娱神与乐人，赛龙舟是祭仪中半宗教性、半娱乐性的节目，慢慢地，时间给赛龙舟赋予了不同的寓意。如今龙舟比赛逐渐被大众所接受，1980 年赛龙舟被列入中国国家体育比赛项目，2010 年赛龙舟成为广州亚运会比赛项目之一。

3. **饮雄黄酒**

端午时节及节后，天气炎热，蝇虫滋生。古人认为人吃五谷杂粮所以生百病，而病从口入，多为邪杂之气。古人在长期同各种疾病斗争的过程中，发现饮雄黄酒能杀百毒，在传统节日端午节这天人们会把雄黄倒入酒中饮用，并把雄黄酒涂在小孩子的耳、鼻、额头、手、足等处，尤其是会在小孩子的额头画个“王”字，希望这样能够使小孩子们不受蛇虫的伤害。

五、七夕节的来历和习俗

（一）七夕节的来历

七夕节，原名为乞巧节。这个节日起源于汉代，东晋时期的《西京杂记》有“汉彩女常以七月七日穿七孔针于开襟楼，俱以习之”的记载，这便是古代文献中最早的关于乞巧的记载。后来的唐宋诗词中，妇女乞巧也被屡屡提及，唐代有诗说“阑珊星斗缀珠光，七夕宫嫔乞巧忙”。据《开元天宝遗事》载：唐太宗与妃子每逢七夕在清宫夜宴，宫女们各自乞巧，这一习俗在民间也经久不衰，代代延续。

“七夕”最早来源于人们对自然的崇拜。根据历史文献，至少在距今三千至四千年前，随着人们对天文的认识和纺织技术的产生，有关牵牛星、织女星的记载就产生了。人们对星星的崇拜远不只是牵牛星和织女星，他们认为东西南北各有七颗代表方位的星星，合称二十八宿，其中以北斗七星最亮，可供人们在夜间辨别方向。北斗七星的第一颗星叫魁星，又称魁首。后来，有了科举制度，中状元叫“大魁天下士”，读书人把七夕节叫“魁星节”，保持了最早七夕来源于对自然崇拜的痕迹。

“七夕”也来源于古代人们对时间的崇拜。在七月初七这个日期中，“七”与“期”同音，月和日均是“七”，给人以时间感。古代中国人把日、月与水、火、木、金、土五大行星合在一起叫“七曜”。数字七在民间表现为时间上的阶段性，在计算时间时往往以“七七”为终局。“七”又与“吉”谐音，“七七”又有双吉之意，是个吉利的日子。在中国台湾，七月被称为“喜中带吉”月。因为“喜”字在草书中的形状好似连写的“七十七”，所以七十七岁又称“喜寿”。

（二）七夕节的习俗

1. 穿针乞巧

乞巧的方法多种多样，笔者小时候陪自己的姐姐和妹妹一起玩过乞巧活动，比如白天拿一盆水放在太阳下晒，晒出一层白皮，端进来让女孩子们在里面放针，谁摆的针最好看，谁就是巧女。如果谁没有摆好，谁就乞得了“笨”，就是拙女，所以女孩子们很注重这种乞巧活动。还有一种就是用线去穿七孔针，一根线穿过去，难度是有的，就看操作者的手指是不是灵巧，是不是经常绣花，既要眼睛看得准，又要手不颤抖。

2. 种生乞巧

种生乞巧就是在一个纸板或者木板上铺一寸厚的土，七月初一这一天就要栽上绿豆、小豆。种生乞巧，体现的是人与自然的和谐，人们不仅会穿针引线，而且农活一样能做，做好农活也是人们生存下去的一种本领。

3. 牛郎会织女

七月被称为“蓝月”，七月的夜晚被称为“蓝夜”，七夕这天的习俗就是牛郎会织女，小的时候笔者也陪自己的姐姐和妹妹在黄瓜架下或者葡萄架下偷听牛郎和织女的悄悄话，谁都说听到了。为什么？因为晚风习习，可以把树叶的响声理解为他们的情话。

六、中秋节的来历和习俗

（一）中秋节的来历

中国古代很早就有祭祀月亮的习俗，据《周礼·春官》记载，周代已有“中秋夜迎寒”的活动；农历八月中旬，是秋粮收获之际，人们为了答谢神祇的护佑而举行一系列仪式和庆祝活动，称为“秋报”。中秋时节，气温已凉未寒，天高气爽，月朗中天，正是观赏月亮的最佳时节。因此，祭月的成分便逐渐被赏月所替代，祭祀的色彩逐渐褪去，而这一节庆活动却延续下来，并被赋予了新的含义。

在中秋节的演变过程中，古老的习俗与众多神话传说及中华传统文化中其他诸多因素结合在一起，最终形成了内涵丰富的重要节日。中秋节有许多围绕着月宫的一系列神话，如嫦娥奔月、吴刚伐桂、唐明皇游月宫等，它们给中秋节挂上了七彩霓虹般神秘绚丽的光环，使之充满浪漫色彩。唐代中秋赏月宴饮之俗已颇为盛行。从流传下来的众多描写中秋的诗句中可以看到，当时已把嫦娥奔月等神话与中秋赏月联系在一起了。唐代初期，中秋节可能已成为固定的节日。不过，当时中秋节似乎还是以赏月和玩月为主，还没有在民间盛行。

中秋节正式成为节日尤其是在民间盛行应是宋代的事情。北宋时期，正式定八月十五为中秋节，并出现了月饼这样的节令食品，赏月、吃月饼、赏桂、观潮等节庆活动蔚然成风。明清时期，中秋节成为中国仅次于春节的第二大传统节日。每逢中秋，各家都要设“月光位”，准备瓜果月饼，“向月供而拜”，所供月饼必须是圆形的，瓜果切成如莲花般的牙瓣。街市出售月光纸，上面绘有月神和玉兔捣药等图案。祭月后将月光纸焚烧，所供的果饼分给家中的每个成员。中秋节是阖家团圆的日子，人们互相馈赠月饼表达良好的祝愿，很多人家还要设宴赏月，体现出一派佳节盛况。

明清以来，中秋节在人们的生活中占据着越来越重要的位置，不仅全国各地，甚至在东南亚等地也逐渐传播开来。在赏月、吃月饼等活动的基础上，各地还逐渐发展出“卖兔儿爷”“舞火龙”“走月亮”等丰富多彩的节庆活动，使得中秋节作为中国传统节日具有更多的文化内涵。

（二）中秋节的习俗

1. 吃月饼

中秋节吃月饼，和端午节吃粽子、元宵节吃元宵或吃汤圆一样，是中国民间的传统节日习俗。据说唐代时已经有了中秋节吃月饼的习俗，但是月饼作为食品名称并同中秋赏月联系在一起，则是宋代的事情。北宋皇家中秋节喜欢吃一种“宫饼”，民间俗称为“小饼”，苏东坡有诗云：“小饼如嚼月，中有酥和饴。”传说元代末期，人们还利用月饼来传递反元信息，说明当时月饼已经走入寻常百姓家，成为中秋佳节的必备食品。长期以来，中国人民在制作月饼方面积累了丰富的经验，明清时期，饼师已经把嫦娥奔月等神话故事作为食品艺术图案印在月饼上。一位清代文人形容道“月饼饱装桃肉馅，雪糕甜砌蔗糖霜”，看来清代的月饼和现代的月饼已颇为相近了。到了近代，有了专门制作月饼的作坊，月饼的制作更加精细，其馅料考究，外形美观，还分平式、苏式、广式、台式等不同风味。月饼作为吉祥、团圆的象征，寄托着人们的美好愿望，而吃月饼和送月饼的习俗也一直延续至今。

2. **赏月**

中国自古就有祭月和赏月的习俗。周代，每逢中秋夜都要举行迎寒的活动。中秋赏月的习俗在唐代十分流行，许多诗人的名篇中都有咏月的诗句。到宋代，中秋赏月之风更盛，每逢中秋日，“贵家结饰台榭，民间争占酒楼玩月”。明清宫廷和民间的拜月赏月活动更具规模，中国各地至今遗存着许多“拜月坛”“拜月亭”“望月楼”等古迹。文人、士大夫对赏月更是情有独钟，他们或登楼揽月，或泛舟邀月，饮酒赋诗，留下不少脍炙人口的千古绝唱。如杜甫的《八月十五夜月》用象征团圆的十五明月反衬自己漂泊异乡的羁旅愁思；宋代文豪苏轼，中秋欢饮达旦，大醉而作《水调歌头·明月几时有》，借月之圆缺喻人之离合。直到今天，一家人围坐在一起，欣赏皓月当空的美景仍是中秋佳节必不可少的活动之一。

除了吃月饼和赏月之外，不同地区的人们也都根据自己所在地域的传统来欢庆中秋节，形成了带有浓厚地方特色的不同的中秋节习俗。如南方许多地区盛行中秋节赏桂花和观潮，老北京流行玩兔儿爷，此外还有广州的“树中秋”、安徽一带的“烧塔”等，很多少数民族也有跳月、拜月等中秋节习俗，这些活动极大地丰富了中华传统节日文化。

七、重阳节来历和习俗

（一）重阳节的来历

重阳节早在战国时期就已经存在了，唐代时被正式定为民间节日，历朝历代沿袭至今。由于在《易经》中，“六”为阴数，“九”为阳数，因此九月九日两阳相重，故为重阳。

九九重阳，早在春秋战国时的《楚辞》中就已提到了。屈原的《远游》里写道：“集重阳入帝宫兮，造旬始而观清都。”三国时魏文帝曹丕在《与钟繇九日送菊书》中，则已明确写出重阳的饮宴了：“岁往月来，忽逢九月九日，九为阳数，而日月并应，俗嘉其名，以为宜于长久，故以享宴高会。”

晋代文人陶渊明在《九日闲居》诗序文中说：“余闲居，爱重九之名。秋菊盈园，而持醪靡由，空服九华，寄怀于言。”这里同时提到菊花和酒。大概在魏晋时期，重阳日已有了饮酒、赏菊的做法。到了唐代重阳被正式定为民间的节日。

明代时，九九重阳日，皇宫上下要一起吃花糕以示庆贺，皇帝要亲自到万岁山登高，以畅秋志，此习俗一直流传到清代。

（二）重阳节的习俗

1. 登高

在古代，民间在重阳节有登高的习俗，故重阳节又叫“登高节”。相传此习俗始于东汉。唐代文人所写的登高诗很多，大多是写重阳节的习俗；杜甫的七律《登高》，就是写重阳节登高的名篇。登高所到之处，没有统一的规定，一般是登高山、登高塔。

2. 吃重阳糕

据史料记载，重阳糕又称花糕、菊糕、五色糕，制无定法，较为随意。九月九日天明时，以糕片搭儿女额头，口中念念有词，祝愿子女百事俱高，乃古人九月做糕的本意。讲究的重阳糕要做成九层，像座宝塔，上面还做成两只小羊，以符合“重阳（羊）”之意。有的还在重阳糕上插一面用红纸做的小纸旗，并点蜡烛灯。这大概是用“点灯”“吃糕”代替“登高”的意思，用红纸做的小纸旗代替茱萸。当今的重阳糕，仍无固定品种，各地在重阳节吃的松软糕类都可称为重阳糕。

3. 赏菊并饮菊花酒

重阳节正是一年中的金秋时节，菊花盛开，据传赏菊及饮菊花酒起源于晋代大诗人陶渊明。陶渊明以隐居出名，以诗出名，以饮酒出名，也以爱菊出名；后人效之，遂有重阳赏菊之俗。旧时文人士大夫还将赏菊与宴饮结合，以求和陶渊明更接近。北宋京师开封，重阳赏菊之风盛行，当时的菊花就有很多品种，千姿百态。民间还把农历九月称为“菊月”，在菊花傲霜怒放的重阳节里，观赏菊花成了节日的一项重要内容。清代以后，赏菊之习尤为昌盛，且不限于九月九日，但赏菊仍然是在重阳节前后最为繁盛。

4. 插茱萸和簪菊花

重阳节插茱萸的风俗在唐代就已经很普遍。古人认为在重阳节这一天插茱萸可以避难消灾；茱萸或佩戴于臂，或把茱萸放在香袋里面随身佩戴，还有把茱萸插在头上的。

八、冬至节的来历和习俗

（一）冬至节的来历

冬至节即冬至。冬至，既是二十四节气之一，也是一个传统节日。冬至俗称“冬节”“长至节”“亚岁”等。早在2500多年前的春秋时期，中国就已经用土圭观测太阳测定出冬至了，它是二十四节气中最早制定出的一个节气。时间一般在每年阳历的12月21日至12月23日之间。冬至是北半球全年中白天最短、黑夜最长的一天，过了冬至，白天就会一天天变长。古人对冬至的说法是：阴极之至，阳气始至，日行南至，故曰“冬至”。冬至过后，中国绝大部分地区都将进入一个最寒冷的阶段，也就是人们常说的“数九”，中国民间有“冷在三九，热在三伏”的说法。

（二）冬至节的习俗

1. 祭祀

冬至是中华传统节日之一，中国古代宫廷和民间历来十分重视冬至，曾有“冬至大如年”的说法，据传，从东周起冬至就有祭祀活动。

2. 吃水饺

每年冬至这天，不论贫富，饺子是必不可少的节日饭。谚云：“十月一，冬至到，家家户户吃水饺。”这种习俗，是因纪念“医圣”张仲景冬至舍药留下的。冬至吃饺子，是不忘“医圣”张仲景“祛寒娇耳汤”之恩。据说，至今河南南阳仍有“冬至不端饺子碗，冻掉耳朵没人管”的民谣。

3. 九九消寒

数九以后，有些文人、士大夫举办所谓的消寒活动，即择一“九”日，相约九人饮酒（“酒”与“九”谐音），席上用九碟九碗，以取九九消寒之意。

九、腊八节的来历和习俗

（一）腊八节的来历

腊八节，俗称“腊八”，是指农历腊月（十二月）初八这一天。腊八节主要是祭祀祖先和神灵，祈求丰收和吉祥的节日。在中国，有腊八节喝腊八粥、泡腊八蒜的习俗。据说在河南等地，腊八粥又称“大家饭”，这里的人们喝腊八粥还为纪念民族英雄岳飞。

当年，岳飞率部抗金于朱仙镇（今河南省开封市祥符区），正值数九严冬，岳家军衣食不济、挨饿受冻，众百姓相继送粥，岳家军饱餐了一顿百姓送的“千家粥”，结果大胜而归，这天正是十二月初八。岳飞故去后，当地的人们为了纪念他，每到腊月初八，便以杂粮豆果煮粥，终于成俗。

中国喝腊八粥的历史，已有1000多年。每逢腊八这一天，不论是朝廷、官府、寺院，还是黎民百姓家都要做腊八粥。到了清朝，喝腊八粥的风俗更是盛行。在宫廷，皇帝、皇后、皇子等都要向文武大臣、侍从宫女赐腊八粥，并向各个寺院发放米、果等供僧侣食用。在民间，家家户户也要做腊八粥，祭祀祖先；同时，全家团聚在一起食用。

（二）腊八节的习俗

1. 喝腊八粥

不同地区腊八粥的用料虽有不同，但所用食材大致相似，基本上都包括大米、小米、糯米、高粱米、紫米、薏米、黄豆、红豆、绿豆、芸豆、红枣、花生、莲子、枸杞子、栗子、核桃仁、杏仁、桂圆、葡萄干、白果等。腊八粥不仅是时令美食，更是食物中的佳品，尤其适合在寒冷的天气里饮用来保养脾胃。

2. 祭祀

腊八本来就是祭祀的日子，一些地方至今还保留着这样的习俗。祭祀的对象包括：先啬神神农、司啬神后稷、农神田官之神、邮表畦神、开路、划疆界之人、猫虎神、坊神、水庸神、昆虫神等。部分地区的祭祀活动很隆重。

3. 吃冰

腊八前一天，人们一般用钢盆舀水结冰，等到了腊八就脱盆取冰并把冰敲成碎块。据说这天的冰很神奇，吃了它以后一年内都不会肚子疼。

4. 泡制腊八蒜

华北大部分地区还有在腊八这天泡制腊八蒜的习俗，腊八蒜即是用醋泡的蒜，通常做法是将紫皮蒜的外皮去掉，把整头蒜掰成独立的蒜瓣，再把蒜瓣浸入装了米醋的小坛中，最后把小坛封上口放到一个温度低的地方，直到蒜瓣变成绿色。

旧时的商号在腊八这天拢账，即把这一年的账目盘点出来，算清楚这一年的收支盈亏。债主还会在腊八这天提醒欠钱的人家准备还钱。腊月里人们讲究忌讳，所以就用与“算”字同音的“蒜”来代替算账的“算”。也因此，腊八蒜虽然好吃，市面上却鲜有卖的。通常都是家家户户自己动手泡制腊八蒜，并且也给自家算算账，看看这一年的开支，有多少积余，盘算该花多少钱置办年货等。

5. **制腊八豆腐**

制腊八豆腐是安徽黟县的民间习俗，腊八豆腐是当地的风味特产，将自制豆腐晒干可留日后吃。

腊八豆腐成品色泽黄润如玉，入口松软，咸中透甜，又香又鲜。如在烤晒时加入虾米等辅料，则更加美味。它既可以单独成菜，也可与肉类搭配，或炒或炖，都是美味。招待贵宾时，黟县人还将其雕刻成动物、花卉的模样，淋上麻油，拌上葱、姜、蒜等，配成冷盘，成为酒宴佳肴。

6. **吃腊八面**

除了甜口或咸口的腊八粥，以及腊八蒜、腊八豆腐之外，当然也少不了陕西的腊八面。在每年农历腊月初八早上太阳升起之前，陕西人家家户户通常都要吃碗热气腾腾、飘香四溢的腊八面。

说一说

同学们知道哪些少数民族？以及他们有哪些节日和风俗习惯？看谁说得又多又好。

扫码得答案

做一做

世界上许多国家都过母亲节，但母亲节的日期不尽相同：美国、意大利等国的母亲节都是5月的第二个星期日，法国的母亲节是5月的最后一个星期日，泰国的母亲节是8月12日。假如从下面的候选人中推举一人作为中国母亲节的形象代言人，同学们推举谁？写出理由。

候选人：孟母（孟子的母亲）　岳母（岳飞的母亲）　冰心

任务二　中华传统节日的传说故事

知识梳理

中华传统节日有很多，祖先留下的习俗也有很多，在这些传统节日的背后，是一个个耳熟能详的故事，而这些故事中，含有独属于中国人的文化密码。与圣诞节等节日的商业性、消费性及世界性相比，春节、端午节等传统节日的产生，带有很强的时令性、纪念性、情感性、交流性及故事性等特点。时令、寓意、沟通、美味，尤其是几乎每个传统节日中都包含着有趣的故事，这些因素让中华传统节日经久不衰，这些也都是中华传统节日留给华夏儿女的宝贵遗产。

想一想

节日因故事而生动，节日因故事而流传。一些故事来自民间的口耳相传，比如中国人最重要的节日“春节”，来源于一只怪兽“年”的传说。如今又流传着多少关于传统节日的传说故事呢？

一、春节

春节就是农历新年，是中国最重要的传统节日。春节降临，万象更新，象征着新一年的开始，标志着人生的另一个起点。

（一）有关春节的传说故事之一：熬年守岁放鞭炮

相传，古时候有一种叫“年”的怪兽，头长触角，凶猛异常。“年”长年深居海底，每到除夕才爬上岸，吞食牲畜，伤害人命。因此，每到除夕这天，村村寨寨的人们扶老携幼逃往深山，以躲避“年”兽的伤害。有一年除夕，从远方来了个乞讨的老人。这时村里一片匆忙恐慌的景象，只有村东头一位老婆婆给了乞讨的老人一些食物，并劝他快上山躲避“年”兽，那老人捋髯笑道：“婆婆若让我在家待一夜，我一定把‘年’兽撵走。”老婆婆仍然继续劝说，老人笑而不语。

半夜时分，“年”兽闯进村。它发现村里气氛与往年不同：村东头老婆婆家，门贴大红纸，屋内烛火通明。“年”兽浑身一抖，怪叫了一声。靠近门口时，院内突然传来“噼噼啪啪”的炸响声，“年”兽浑身战栗，再不敢往前凑了。原来，“年”兽最怕红色、火光和炸响。这时，婆婆的家门大开，只见院内一位身披红袍的老人在哈哈大笑。“年”兽大惊失色，狼狈逃窜了。

第二天是正月初一，避难回来的人们见村里安然无恙，十分惊奇。这时，老婆婆才恍然大悟，赶忙向乡亲们述说了乞讨老人的许诺。这件事很快在周围村里传开了，人们都知道了驱赶“年”兽的办法。从此每年除夕，家家贴红对联、燃放爆竹；户户烛火通明、守更待岁。初一一大早，还要走亲串友道喜问好。这习俗越传越广，春节也成了中国最重要的传统节日。

（二）有关春节的传说故事之二：“压岁钱”的来历

传说古时候有一种身黑手白的小妖叫“祟”，每逢大年三十的夜里都出来害小孩子。它只要用它那双惨白的手在熟睡的小孩子的额头上摸三下，小孩子就会发高烧，讲呓语；等到几天后高烧退去，原本聪明伶俐的孩子就变得神志不清，呆头呆脑了！

人们害怕“祟”来伤害自己的孩子，就在这一天通宵点灯团坐不睡，“守祟”保护孩子。后来有一户姓管的人家老来得子，为了保护这来之不易的孩子，他们在这一晚就逼着孩子玩耍，用红纸包八枚铜钱，孩子拆了又包，一直到睡下。但这夫妻俩可不敢睡，守在孩子身边。半夜狂风骤起，“祟”又张狂而来，当它得意地准备用手去摸孩子的额头时，枕边突然闪出一道亮光，“祟”吓得魂飞魄散，仓皇而逃。后来这对夫妇把“红纸包铜钱”的事告诉大伙儿，家家户户也就年年按照这样的方法防“祟”，小孩子们再也没有被伤害过。

据说这八枚铜钱是八仙变的，暗中保佑孩子平安。红包“压祟”的习俗也延传至今，因“岁”与“祟”谐音，“压祟”发展到现在也就自然叫作“压岁”了。

（三）有关春节的传说故事之三：贴春联和门神

据说贴春联的习俗，始于1000多年前，春联的原始形式就是人们所说的“桃符”。

在中国古代神话中，相传有一个鬼蜮的世界，当中有座山，山上有一棵覆盖三千里的大桃树，树上有只金鸡。每当清晨金鸡长鸣时，夜晚出去的鬼就必须赶回。负责看守鬼界大门的两个神人叫神荼、郁垒，如果鬼在夜间干了伤天害理的事，他们就会立即将鬼捉去喂虎，因此所有的鬼都怕他们。于是民间就用桃木刻成他们的模样，放在自家门口，以避邪防害。后来，人们干脆在桃木板上刻上神荼、郁垒的名字，认为这样做同样可以镇邪去恶。这种桃木板后来就被叫作“桃符”。

到了宋代，人们便开始在桃木板上写对联，一则不失桃木镇邪的意义，二则表达自己美好的心愿，三则装饰门户，以求美观。后来人们又在象征喜气吉祥的红纸上写对联，新春之际将对联贴在门窗两边，用以表达人们祈求来年福运的美好心愿。由于中国民居的大门通常都是两扇对开，所以门神总是成双成对。

唐代以后，除了以往的神荼、郁垒二将以外，人们又把秦叔宝和尉迟恭两位唐代武将当作门神。相传，唐太宗生病，听见门外鬼魅呼号，彻夜不得安宁。于是他让这两位将军手持武器立于门旁镇守，第二天夜里就再也没有鬼魅骚扰了。后来，唐太宗让人把这两位将军的形象画下来贴在门上，不久之后，这一习俗开始在民间广为流传。

（四）有关春节的传说故事之四：倒贴福字的传说

每逢新春佳节，家家户户都要在屋门上、墙壁上、门楣上贴上大大小小的“福”字。春节贴“福”字是中国民间由来已久的习俗。“士庶家不以大小家俱洒扫门闾去尘秽净庭户换门神挂钟馗钉桃符贴春牌祭祀祖宗”。“贴春牌”即是贴写在红纸上的“福”字。

“福”字现今的解释是“幸福”，而在古时则指“福气”“福运”。春节贴“福”字，无论是现今还是古时，都寄托了人们对幸福生活的向往，也是对美好未来的祝愿。民间为了更充分地体现这种向往和祝愿，干脆将“福”字倒过来贴，表示“幸福已到”“福气已到”。

（五）有关春节的传说故事之五：祭灶王的传说

灶王又被叫作“灶神”“灶君”“灶君老爷”“老灶爷”“火神”等，是神话传说中主管饮食之神。传说到了腊月二十三，灶王爷便要升天，向玉皇大帝禀报这家人一年的善恶，玉皇大帝根据灶王爷的汇报，再将这一家在新的一年中应该得到的吉凶祸福的命运交于灶王爷之手，因此民间有“送灶神”的仪式。“送灶神”的仪式也称为“送灶”或“辞灶”，百姓供上红烛、糖瓜，以隆重的礼节送灶神上天，祈望灶神“上天言好事，下界降吉祥”。

南北朝以后，百姓对灶神的信仰已成为民间的习俗。隋唐以后，灶神信仰日益普及，并一直延续到近代。

二、元宵节

（一）有关元宵节的传说故事之一：点彩灯来历

传说在很久很久以前，凶禽猛兽很多，四处伤害人和牲畜，人们就组织起来打它们，有一只神鸟因为迷路而降落人间，却意外地被不知情的猎人给射死了。天帝知道后十分愤怒，立即传旨，下令让天兵于正月十五到人间放火，把人间的人畜财产通通烧光。天帝的女儿心地善良，不忍心看百姓无辜受难，就冒着生命危险，偷偷驾着祥云来到人间，把这个消息告诉了人们。众人听说了这个消息，就如头上响了一个焦雷，吓得不知如何是好。过了好久，才有个老人家想出个法子，他说：“在正月十四、十五、十六这三天，每户人家都在家里张灯结彩、点响爆竹、燃放烟火。这样一来，天帝就会以为人们都被烧死了。”大家听了都点头称是，便分头准备去了。到了正月十五这天晚上，天帝往下一看，发觉人间一片红光，响声震天，连续三个夜晚都是如此，以为红光是大火燃烧的火焰，心中大快。人们就这样保住了自己的生命及财产。此后每到正月十五，家家户户都悬挂灯笼、放烟火，这就是点彩灯的来历。

（二）有关元宵节的传说故事之二：“只许州官放火，不准百姓点灯”

据说北宋时，有个州的太守名叫田登，为人专制蛮横，因为他名“登”，所以不许州内的百姓在谈话时说到任何一个与“登”字同音的字。于是，只要是与“登”字同音的，都要用其他字来代替。谁要是触犯了他的这个忌讳，便要被加上“侮辱地方长官”的罪名，重则判刑，轻则挨板子。不少吏卒因为说到与“登”同音的字，都遭到鞭打。

一年一度的元宵佳节即将到来。依照以往的惯例，州内要放三天焰火、点三天花灯表示庆祝。州府衙门要提前贴出告示，让老百姓到时候前来观灯。可是这次，却让出告示的官员感到左右为难。怎么写呢？用上“灯”字，要触犯太守；不用“灯”字，意思又表达不明白。想了好久，写告示的小官员只能把“灯”字改成“火”字。这样，告示上就写成了“本州照例放火三日”。告示贴出后，老百姓看了都惊吵喧闹起来。尤其是一些外地来的客人，更是丈二和尚摸不着头脑，还真的以为官府要放三天火呢！大家纷纷收拾行李，争着离开这是非之地。当地的老百姓，平时对于田登的专制蛮横无理已经是非常不满，这次看了官府贴出的这张告示，更是气愤万分，愤愤地说：“只许州官放火，不许百姓点灯，这是什么世道！”

三、清明节

有关清明节的传说故事：

根据记载，在中国春秋时期，晋献公的妃子骊姬为了让自己的儿子奚齐继位，就设毒计谋害太子申生，申生被逼自杀了。申生的弟弟重耳，为了躲避祸害，四处流亡。在流亡的这段时间，重耳受尽了屈辱。原来跟着他一道出奔的臣子，大多陆陆续续地各奔出路去了。只剩下少数几个忠心耿耿的人一直追随着他，其中一人叫介子推。有一次，重耳饿晕了过去，介子推为了救重耳，从自己大腿上割下了一块肉，用火烤熟了送给重耳吃。就这样过了19年之后，重耳回国做了君主，就是著名的春秋五霸之一的晋文公。

晋文公执政之后，对于那些和他同甘共苦的臣子大加封赏，唯独忘了介子推。有人在晋文公面前为介子推叫屈。晋文公猛然忆起旧事，心中有愧，马上差人去请介子推上朝受赏封官。可是，差人去了几趟，介子推不来。晋文公只好亲自去请。可是，当晋文公来到介子推家时，只见大门紧闭。介子推不愿见他，已经背着老母亲躲进了绵山（今山西介休市东南）。晋文公便让他的御林军上绵山搜索，结果没有找到。于是，有人出了个主意说，不如放火烧山，三面点火，留下一方，大火起时介子推会自己走出来的。晋文公就下令举火烧山，孰料大火烧了三天三夜，大火熄灭后，终究不见介子推出来。上山一看，介子推母子俩抱着一棵烧焦的大柳树已经死了。晋文公望着介子推的尸体哭拜一阵，然后安葬遗体，发现介子推脊梁堵着个树洞，洞里好像有什么东西。掏出一看，原来是片衣襟，上面题了一首血诗：

割肉奉君尽丹心，但愿主公常清明。

柳下作鬼终不见，强似伴君作谏臣。

倘若主公心有我，忆我之时常自省。

臣在九泉心无愧，勤政清明复清明。

晋文公将书信藏入袖中，然后把介子推和他的母亲分别安葬在那棵烧焦的大柳树下。为了纪念介子推，晋文公下令把绵山改为“介山”，在山上建立祠堂，并把放火烧山的这一天定为寒食节，晓谕全国，每年这天禁忌烟火，只吃寒食。

走时，他伐了一段烧焦的柳木，到宫中做了双木屐，每天望着它叹道：“悲哉足下”。“足下”是古人下级对上级或同辈之间相互尊敬的称呼，据说就是来源于此。

放火烧山后的第二年，晋文公领着群臣，素服徒步登山祭奠，表示哀悼。行至坟前，只见那棵老柳树死树复活，绿枝千条，随风飘舞。晋文公望着复活的老柳树，像看见了介子推一样。他敬重地走到跟前，轻轻地掐下了一条柳枝，编了一个圈儿戴在头上。祭扫后，晋文公把复活的老柳树赐名为“清明柳”，又把这天定为清明节。以后，晋文公常把介子推写的血诗带在身边，作为鞭策自己执政的座右铭。他勤政清明，励精图治，把国家治理得很好。

四、端午节

有关端午节的传说故事：

端午节的传说故事以纪念屈原影响最为广泛。

据《史记》“屈原贾生列传第二十四”记载，屈原，是战国时期楚怀王的大臣。他倡导举贤授能，富国强兵，力主联齐抗秦，遭到贵族子兰等人的强烈反对，屈原遭谗去职，被赶出都城，流放在外。他在流放中，写下了忧国忧民的《离骚》《天问》《九歌》等不朽诗篇，这些诗篇独具风格，影响深远。公元前 278 年，秦军攻破楚国京都。屈原眼看自己的祖国被侵略，心如刀割，始终不忍舍弃自己的祖国，屈原于五月五日写下了绝笔作《怀沙》之后，抱石投汨罗江身死，以自己的生命谱写了一曲壮丽的爱国主义乐章。

传说屈原死后，楚国百姓哀痛异常，纷纷涌到汨罗江边去凭吊屈原。渔夫们划船在江上来回打捞他的真身。有位渔夫拿出为屈原准备的饭团、鸡蛋等食物，“扑通、扑通”地丢进江里，说是让鱼龙虾蟹吃饱了，就不会去咬屈大夫的身体了。人们看见后纷纷仿效。一位老医师则拿来一坛雄黄酒倒进江里，说是要用雄黄酒晕倒蛟龙水兽，以免伤害屈大夫。后来因为怕饭团为蛟龙所食，人们想出用楝树叶包饭团，外缠彩丝，后来发展粽子。

以后，在每年的五月初五（农历），就有了龙舟竞渡、吃粽子、喝雄黄酒的习俗，以此来纪念屈原。

五、七夕节

扫码看视频

有关七夕节的传说故事：

这是一个很美丽的、千古流传的爱情故事。

传说天上有颗织女星，还有一颗牵牛星。织女和牵牛情投意合，心心相印。可是，天条律令是不允许男欢女爱、私自相恋的。织女是王母的孙女，王母便将牵牛贬下凡尘了，令织女不停地织云锦以作惩罚。

织女的工作，便是用一种神奇的丝在织布机上织出层层叠叠的美丽的云彩，随着时间和季节的不同而变幻它们的颜色，这便是“天衣”。自从牵牛被贬之后，织女因思念牵牛常常以泪洗面，愁眉不展。她坐在织机旁不停地织着美丽的云锦以期博得王母大发慈心，让牵牛早日返回天界。

一天，几个仙女向王母恳求想去人间碧莲池一游，王母那日心情正好，便答应了她们。她们见织女终日苦闷，便一起向王母求情让织女共同前往，王母也心疼受惩罚后的孙女，便令她们速去速归。

话说牵牛被贬之后，落生在一个农民家中，取名牛郎。后来父母去世，他便跟着哥嫂度日。哥嫂待牛郎非常刻薄，要与他分家，只给了他一头老牛和一辆破车，家中的其他财产都被哥哥嫂嫂独占了，然后，便和牛郎分了家。

从此，牛郎和老牛相依为命，他们在荒地上披荆斩棘，耕田种地，盖造房屋。一两年后，他们有了一个小小的家，勉强可以糊口度日。可是，除了那头不会说话的老牛之外，冷清的家只有牛郎一个人，日子过得相当寂寞。牛郎并不知道，那头老牛原是天上的金牛星。

这一天，老牛突然开口说话了，它对牛郎说："牛郎，今天你去碧莲池一趟，那儿有些仙女在洗澡，你把那件红色的仙衣藏起来，穿红仙衣的仙女就会成为你的妻子。"牛郎见老牛口吐人言，又奇怪又高兴，便问道："牛大哥，你真会说话吗？你说的是真的吗？"老牛点了点头。牛郎便悄悄躲在碧莲池旁的芦苇里，等候仙女们的来临。

不一会儿，仙女们果然翩翩飘至，脱下轻罗衣裳，纵身跃入清流。牛郎便从芦苇里跑出来，拿走了红色的仙衣。仙女们见有人来了，忙乱纷纷地穿上自己的衣裳，飞鸟般地飞走了，只剩下没有衣服无法逃走的仙女，她正是织女。织女见自己的仙衣被一个小伙子抢走，又羞又急，却又无可奈何。这时，牛郎走上前来，对她说，要她答应做他的妻子，才能还给她衣裳。织女定睛一看，才知道牛郎便是自己日思夜想的牵牛，便含羞答应了他。这样，织女便做了牛郎的妻子。

他们结婚以后，男耕女织，相亲相爱，日子过得非常美满幸福。不久，他们生下了一儿一女，十分可爱。牛郎织女满以为能够终身相守，白头到老。

可是，王母知道这件事后，勃然大怒，马上派遣天兵天将捉织女回天庭问罪。

这一天，织女正在做饭，下地去的牛郎匆匆赶回，眼睛红肿着告诉织女："牛大哥死了，他临死前说，要我在他死后，将他的牛皮剥下放好，有朝一日，披上它，就可飞上天去。"织女一听，心中纳闷，她明白，老牛就是天上的金牛星，只因替被贬下凡的牵牛说了几句公道话，也被贬下天庭。他怎么会突然死去呢？织女便让牛郎剥下牛皮，好好埋葬了老牛。

正在这时，天空狂风大作，天兵天将从天而降，不容分说，押解着织女便飞上了天空。

飞着、飞着，织女听到了牛郎的声音："织女，等等我！"织女回头一看，只见牛郎用一对箩筐挑着一对儿女，披着牛皮赶来了。慢慢地，他们之间的距离越来越近了，织女可以看清儿女们可爱的模样了，孩子们张开双臂，大声呼叫着“妈妈”，眼看牛郎和织女就要相逢了。可就在这时，王母驾着祥云赶来，她拔下头上的金簪，往牛郎织女中间一划，霎时间，一条天河波涛滚滚地横在了织女和牛郎之间，无法跨越了。

织女望着天河对岸的牛郎和儿女们，哭得声嘶力竭，牛郎和孩子们也哭得死去活来。他们的哭声，孩子们一声声“妈妈”的喊声，是那样撕心裂肺，催人泪下，连在旁观望的天兵天将都觉得心酸难过，于心不忍。王母见此情此景，也稍稍为牛郎织女的坚贞爱情所感动，便同意让牛郎和孩子们留在天上，每年七月初七，让他们和织女相会一次。

从此，牛郎和他的儿女就住在了天上，隔着一条天河，和织女遥遥相望。在秋夜天空的繁星当中，人们至今还可以看见银河两边有两颗较大的星星，晶莹地闪烁着，那便是织女星和牵牛星。和牵牛星在一起的还有两颗小星星，那便是牛郎织女的一儿一女。

在牛郎织女相会的农历七月初七这天，无数成群的喜鹊飞来为他们搭桥。鹊桥之上，牛郎织女团聚了！织女和牛郎深情相对，搂抱着他们的儿女，有无数的话儿要说，有无尽的情意要倾诉啊！

传说，每年的农历七月初七，若是人们在葡萄架下静静地听，可以隐隐听到仙乐奏鸣，织女和牛郎在深情地交谈。真是相见时难别亦难，他们日日在盼望着第二年七月初七的重逢。

后来，每到农历七月初七，相传牛郎织女鹊桥相会的日子，姑娘们就会来到花前月下，抬头仰望星空，寻找银河两边的牵牛星和织女星，希望能看到他们一年一度的相会，乞求上天能让自己像织女那样心灵手巧，祈祷自己能有称心如意的美满婚姻，由此便形成了七夕节。

说一说

请同学们讲一讲七夕节的传说故事。

六、中秋节

（一）有关中秋节的传说故事之一：嫦娥奔月

相传，嫦娥偷吃了丈夫后羿从王母那儿讨来的不死之药后，飞到月宫。但琼楼玉宇，高处不胜寒，所谓“嫦娥应悔偷灵药，碧海青天夜夜心”，正是她倍感孤寂之心情的写照。后来，嫦娥懊悔，向丈夫倾诉说：“明天乃月圆之候，你用面粉做丸，团团如圆月形状，放在屋子的西北方向，然后再连续呼唤我的名字。到三更时分，我就可以回家来了。”翌日，后羿照妻子的吩咐去做，届时嫦娥果然由月中飞来，夫妻团圆。中秋节做月饼供嫦娥的风俗，也是由此形成的。

（二）有关中秋节的传说故事之二：吴刚伐桂

月中之桂树与吴刚的传说，以唐代段成式《酉阳杂俎》的《卷一・天咫》所载最为具体，其云：“旧言月中有桂、有蟾蜍，故异书言月桂高五百丈，下有一人常斫之，树创随合。人姓吴名刚，西河人，学仙有过，谪令伐树。”意思是说吴刚曾跟随仙人修道，到了天界，但是他犯了错误，仙人就把他发配到月亮上，命令他砍伐不死之树——月桂。月桂高达五百丈，随砍即合，仙人就是利用这种永无休止的劳动作为对吴刚的惩罚。李白诗中有“欲折月中桂，持为寒者薪”的记载。

（三）有关中秋节的传说故事之三：玉兔捣药

此传说最早见于汉乐府《董逃行》：“玉兔长跪捣药蛤蟆丸，奉上陛下一玉柈，服此药可得神仙。”即相传月亮之中有一只兔子，浑身洁白如玉，所以称作“玉兔”。这只兔子拿着玉杵，跪地捣药，做成蛤蟆丸，服用此等药丸可以长生成仙。玉兔恐怕是嫦娥在广寒宫中最早的玩伴吧。

小结：三个有关中秋节的传说故事都带有神话的影子，关于三者之间的联系，有一种说法是这样的：相传后羿从王母那里得到了不死药，交给嫦娥保管。逢蒙听说后前去偷窃，偷窃不成就要加害嫦娥。情急之下，嫦娥吞下不死药飞到了天上。嫦娥滞留在月亮上的广寒宫中。由于不忍心离开后羿，于是她就催促吴刚砍伐桂树，让玉兔捣药，想配成飞升之药，好早日回到人间与后羿团聚。

七、重阳节

有关重阳节的传说故事：

相传在东汉时期，汝河有个瘟魔，只要它一出现，家家就有人病倒，天天都有人丧命，这一带的百姓受尽了瘟魔的蹂躏。

一场瘟疫夺走了青年桓景的父母，桓景也因病差点儿丧了命。病愈之后，他辞别了心爱的妻子和父老乡亲，决心出去访仙学艺，为民除掉瘟魔。桓景四处访师寻道，访遍各地的名山高士，终于打听到在东方有一座最古老的山，山上有一位法力无边的仙长。桓景不畏艰险和路途的遥远，在仙鹤的指引下，终于找到了那座高山，找到了那位有着神奇法力的仙长，仙长为他的精神所感动，终于收留了桓景，并且教给他降妖剑术，还赠他一把降妖宝剑。桓景废寝忘食地苦练，终于练出了一身非凡的武艺。

这一天仙长把桓景叫到跟前说："明天是九月初九，瘟魔又要出来作恶，你本领已经学成，应该回去为民除害了。"仙长送给他一包茱萸叶，并且密授辟邪用法，让他骑着仙鹤赶回家去。

桓景回到家乡，在九月初九的早晨，按仙长的叮嘱把乡亲们领到了附近的一座山上，发给每人一片茱萸叶，做好了降魔的准备。

中午时分，随着几声怪叫，瘟魔冲出汝河，但是瘟魔刚扑到山下，突然闻到阵阵茱萸奇香和菊花酒气，便戛然止步，脸色突变，这时桓景手持降妖宝剑追下山来，几个回合就把瘟魔刺死在剑下，从此九月初九登高避疫的习俗年复一年地流传下来。后来人们就把重阳节登高的习俗看作免灾避祸的活动。

八、冬至节

有关冬至节的传说故事：

冬至节吃饺子，是不忘"医圣"张仲景"祛寒娇耳汤"之恩。张仲景是东汉南阳郡涅阳县人，他所著的《伤寒杂病论》集医家之大成，被历代医者奉为经典。张仲景有名言："进则救世，退则救民；不能为良相，亦当为良医。"他曾任长沙太守，任职期间访病施药，大堂行医，后毅然辞官回乡，为乡邻治病。其返乡之时，正是冬季。他看到白河两岸的乡亲们面黄肌瘦，饥寒交迫，不少人的耳朵都冻烂了，便让其弟子在南阳东关搭起医棚，支起大锅，在冬至那天舍“祛寒娇耳汤”医治冻疮。他把羊肉、辣椒和一些驱寒药材放在锅里熬煮，然后将羊肉、药物捞出来切碎，用面包成耳朵样的“娇耳”，煮熟后，分给来求药的人，每人两只“娇耳”，一大碗“祛寒汤”。人们吃了“娇耳”，喝了“祛寒汤”，浑身暖和，两耳发热，冻伤的耳朵都治好了。后人学着“娇耳”的样子，包成食物，也叫“饺子”或“扁食”。

九、腊八节

有关腊八节的传说故事：

腊月初八，中国人民有喝腊八粥的习俗。据说腊八粥传自印度。佛教的创始者释迦牟尼本是古印度北部迦毗罗卫国（今尼泊尔境内）净饭王的儿子，他见众生受生老病死等痛苦折磨，又不满当时婆罗门的神权统治，便舍弃王位，出家修道。初无收获，后经六年苦行，于腊月八日，在菩提树下悟道成佛。在这六年苦行中，每日仅食一麻一米。后人不忘他所受的苦难，于每年腊月初八吃粥以作纪念。

传说吃了腊八粥以后可以得到佛祖的保佑，所以穷人把腊八粥叫作“佛粥”。据说南宋时杭州有的寺庙内的寺僧每日会把剩饭晒干，积一年的余粮，到腊月初八煮成腊八粥分赠信徒，称为“福寿粥”“福德粥”，意思是说吃了“福寿粥”以后可以增福增寿。可见当时各寺庙的寺僧爱惜粮食之美德。腊八粥在古时是用红小豆、糯米煮成，后来材料逐渐增多。宋代周密撰写的《武林旧事》中记载：“则寺院及人家用胡桃、松子、乳蕈、柿栗之类作粥，谓之‘腊八粥’。”至今中国江南，东北、西北广大地区的人民仍保留着吃腊八粥的习俗。各地制作腊八粥所用材料各有不同，通常多用糯米、红豆、红枣、栗子、花生、白果、莲子、百合等煮成甜粥。也有加入桂圆、龙眼肉、蜜饯等同煮的。冬季吃一碗热气腾腾的腊八粥，既可口又有营养，确实是冬日里的一道美味。

任务三　相关节日诗词

知识梳理

中国的春节、元宵节、清明节、端午节、七夕节、中秋节、重阳节等，都与百姓的日常生活密切相关。任务三从中国古典诗词入手，揭示探讨这些节日诗词与历史、民族民风、愿望信仰、道德伦理、文学艺术等诸多文化因素之间的关系，从而说明古诗词中的节日诗歌不仅为人们的生活增添了意义和乐趣，同时也显示了古诗词中丰富的民俗文化。

想一想

伴随着这些美丽动人的传说故事，传统节日也流传至今，更让华夏儿女骄傲的是，历代文人都留下了许多经久传诵的诗词佳作，至今百读不厌。对应着这些传统节日，同学们都读过哪些古诗词？

一、春节

（一）唐代

田家元日

（唐）孟浩然

昨夜斗回北，今朝岁起东。我年已强壮，无禄尚忧农。

桑野就耕父，荷锄随牧童。田家占气候，共说此年丰。

（二）宋代

元日

（宋）王安石

爆竹声中一岁除，春风送暖入屠苏。

千门万户曈曈日，总把新桃换旧符。

除夜雪

（宋）陆游

北风吹雪四更初，嘉瑞天教及岁除。

半盏屠苏犹未举，灯前小草写桃符。

（三）明代

拜年

（明）文徵明

不求见面惟通谒，名纸朝来满敝庐。

我亦随人投数纸，世情嫌简不嫌虚。

（四）清代

凤城新年辞

（清）查慎行

巧裁幡胜试新罗，画彩描金作闹蛾。

从此剪刀闲一月，闺中针线岁前多。

甲午元旦

（清）孔尚任

萧疏白发不盈颠，守岁围炉竟废眠。剪烛催干消夜酒，倾囊分遍买春钱。

听烧爆竹童心在，看换桃符老兴偏。鼓角梅花添一部，五更欢笑拜新年。

二、元宵节

（一）唐代

十五夜观灯

（唐）卢照邻

锦里开芳宴，兰红艳早年。

缛彩遥分地，繁光远缀天。

接汉疑星落，依楼似月悬。

别有千金笑，来映九枝前。

诗曰

（唐）李商隐

月色灯山满帝都，香车宝盖隘通衢。

身闲不睹中兴盛，羞逐乡人赛紫姑。

（二）宋代

诗曰

（宋）姜白石

元宵争看采莲船，宝马香车拾坠钿。

风雨夜深人散尽，孤灯犹唤卖汤元。

青玉案元夕

（宋）辛弃疾

东风夜放花千树。更吹落，星如雨。

宝马雕车香满路。凤箫声动，玉壶光转，一夜鱼龙舞。

蛾儿雪柳黄金缕。笑语盈盈暗香去。

众里寻他千百度。蓦然回首，那人却在，灯火阑珊处。

生查子·元夕

（宋）欧阳修

去年元夜时，花市灯如昼。

月上柳梢头，人约黄昏后。

今年元夜时，月与灯依旧。

不见去年人，泪湿春衫袖。

三、清明节

（一）唐代

清明

（唐）杜牧

清明时节雨纷纷，路上行人欲断魂。

借问酒家何处有？牧童遥指杏花村。

寒食野望吟

（唐）白居易

乌啼鹊噪昏乔木，清明寒食谁家哭。

风吹旷野纸钱飞，古墓垒垒春草绿。

棠梨花映白杨树，尽是死生别离处。

冥冥重泉哭不闻，萧萧暮雨人归去。

（二）宋代

苏堤清明即事

（宋）吴惟信

梨花风起正清明，游子寻春半出城。

日暮笙歌收拾去，万株杨柳属流莺。

（三）明代

清江引·清明日出游

（明）王磐

问西楼禁烟何处好？绿野晴天道。

马穿杨柳嘶，人倚秋千笑，探莺花总教春醉倒。

四、端午节

（一）唐代

端午

（唐）文秀

节分端午自谁言，万古传闻为屈原。

堪笑楚江空渺渺，不能洗得直臣冤。

（二）宋代

和端午

（宋）张耒

竞渡深悲千载冤，忠魂一去讵能还。

国亡身殒今何有，只留离骚在世间。

五月五日

（宋）梅尧臣

屈氏已沉死，楚人哀不容。

何尝奈谗谤，徒欲却蛟龙。

未泯生前恨，而追没后踪。

沅湘碧潭水，应自照千峰。

五、七夕节

（一）汉代

迢迢牵牛星

（汉）佚名

迢迢牵牛星，皎皎河汉女。

纤纤擢素手，札札弄机杼。

终日不成章，泣涕零如雨。
河汉清且浅，相去复几许？
盈盈一水间，脉脉不得语。

（二）宋代

鹊桥仙·纤云弄巧
（宋）秦观
纤云弄巧，飞星传恨，银汉迢迢暗度。
金风玉露一相逢，便胜却人间无数。
柔情似水，佳期如梦，忍顾鹊桥归路。
两情若是久长时，又岂在朝朝暮暮。

六、中秋节

（一）唐代

望月怀远
（唐）张九龄
海上生明月，天涯共此时。
情人怨遥夜，竟夕起相思。
灭烛怜光满，披衣觉露滋。
不堪盈手赠，还寝梦佳期。

嫦娥
（唐）李商隐
云母屏风烛影深，长河渐落晓星沉。
嫦娥应悔偷灵药，碧海青天夜夜心。

月夜忆舍弟

（唐）杜甫

戍鼓断人行，秋边一雁声。

露从今夜白，月是故乡明。

有弟皆分散，无家问死生。

寄书长不达，况乃未休兵。

（二）宋代

水调歌头·明月几时有

（宋）苏轼

丙辰中秋，欢饮达旦，大醉。作此篇，兼怀子由。

明月几时有？把酒问青天。不知天上宫阙，今夕是何年。我欲乘风归去，又恐琼楼玉宇，高处不胜寒。起舞弄清影，何似在人间。

转朱阁，低绮户，照无眠。不应有恨，何事长向别时圆？人有悲欢离合，月有阴晴圆缺，此事古难全。但愿人长久，千里共婵娟。

中秋月

（宋）晏殊

十轮霜影转庭梧，此夕羁人独向隅。

未必素娥无怅恨，玉蟾清冷桂花孤。

七、重阳节

（一）唐代

九月九日忆山东兄弟

（唐）王维

独在异乡为异客，每逢佳节倍思亲。

遥知兄弟登高处，遍插茱萸少一人。

过故人庄

（唐）孟浩然

故人具鸡黍，邀我至田家。

绿树村边合，青山郭外斜。

开轩面场圃，把酒话桑麻。

待到重阳日，还来就菊花。

（二）宋代

醉花阴·薄雾浓云愁永昼

（宋）李清照

薄雾浓云愁永昼，瑞脑消金兽。

佳节又重阳，玉枕纱厨，半夜凉初透。

东篱把酒黄昏后，有暗香盈袖。

莫道不销魂，帘卷西风，人比黄花瘦。

任务四　中西方传统节日文化差异

知识梳理

中国是一个有着古老东方文明的国家，历史上，农业长期占据主导地位，因此，中华文化深深根植于农业，农业活动使得节日更具有地方性色彩。西方传统节日的起源大都带有浓厚的宗教色彩。因为起源的不同，使得中西方传统节日文化存在文化价值上的不同。

想一想

有这样一句名言："每个民族的每个节日，正是反映这个民族的文化最真实的一面。"可见，要了解一个民族的文化底蕴，应该从他们的传统节日入手，才能更好地了解他们的文化特色与民族特点，那么中西方传统节日文化差异的根源是什么？

一、产生中西方传统节日文化差异的原因

（一）宗教文化的不同

中国（华）传统节日通常体现出一种泛神论和世俗化的特征。比如说中国最为重要的节日——春节，它源自上古时代的腊祭，腊祭即是在岁终的时候祭祀众神的日子。而西方的传统节日多是凸显一种基督教文化，无论是最为重要的圣诞节还是复活节，其最为深远的精神依托是基督教的文化载体。

节日的习俗也是承载民族文化的重要支柱，中国（华）绝大多数传统节日习俗也体现着泛神论和世俗化的特征。比如说在春节时要打扫卫生，这象征着辞旧迎新，迎接新的一年的到来；把“福”字倒过来贴，象征着“福到了”的吉祥话语。

而西方复活节里的彩蛋则代表了复活后的欢喜与生命的绽放。

（二）价值取向的不同

中西方的传统节日还凸显出价值取向上的不同。综合来说，中国（华）的传统节日更多的是代表集体主义精神，而西方的传统节日则更多的是代表个人主义精神。

之所以有以上的不同，是由于中西方均受自身传统文化的影响。中国更多的是受儒家文化的影响，强调的是“仁、义、礼、智、信”的道德观、价值观，尊崇着辈分制以及长幼有序的家族观念。所以在中国社会中会更多地强调血缘以及家族的地位，进而体现出集体主义的观念。而在西方国家则不同，其社会更多的是受文艺复兴时期的文化价值观的影响。由于文艺复兴倡导的是个人至上、保护人权等理念，崇尚个人的自由和解放，所以西方的节日都会体现出个人主义的色彩，比如节日里的盛装打扮、狂呼狂庆都是自由、独立精神的具体体现。

（三）饮食文化的不同

中西方的传统节日也体现出饮食文化上的不同。比如中国春节，人们要吃饺子，端午节要吃粽子，中秋节要吃月饼……而在西方的传统节日里，人们多以烤类食物为特色，比如复活节要吃“烤蛋糕”（兔子形状的），感恩节要吃火鸡，英国在圣诞节的时候会吃烤鹅，等等。这些都体现了传统节日在中西方饮食文化上的不同。

二、全球化浪潮对中国（华）传统节日文化的冲击

如今，越来越多的“洋节”在中国占据着一席之地。有些国人会因此感到恐慌，认为“洋节”是对中国（华）传统文化的霸占和侵凌，担心西方的节日在中国的地位越来越高而湮没本国的传统节日。像复活节、圣诞节、感恩节等都是人们身边耳熟能详的西方传统节日，这的确证实了西方传统节日在中国社会中的入侵趋势越发猛烈。与中国（华）的传统节日相比，一些国人更加热衷于欢庆西方传统节日，可见这些担心也并非没有道理。

在当今世界多元化发展与各国之间交流不断加深的大背景下，要想免受他国的影响几乎是不可能的事情。交流是不可避免的，重要的是要调整自身的心态。在全球化背景下，人们需要尝试以一种全新的状态找到自身在国际交流中的地位。人们应以理性的态度，迎接这种必然的文化“冲击”。

三、弘扬中华传统文化发掘传统节日底蕴，理性看待西方传统节日文化

中华传统文化是由中华五千多年文明演变而结合成的一种民族特质和精神风貌，是中华民族思想文化的总体表征，具有鲜明的民族特色，其内涵博大精深。

中华传统文化中蕴含着“民惟邦本”的治国理念，有着“己所不欲，勿施于人”的处世之道，包含着“天下为公”的理想精神，传承着“爱国如家”的家国情怀，这些传统文化和传统节日都是分不开的。

传统节日是中华文明的缩影与象征，其丰富的文化精神内涵是重要的非物质文化遗产。

中华传统文化与中华美德只有华夏儿女自己认可了才能使其发扬光大。中华民族数千年的历史积淀使传统节日在文化底蕴上就比西方传统节日略胜一筹。中华传统节日文化是中华民族共同创造的、享受的文化，其形成一个民族强大的凝聚力，其蕴涵的审美情感和影响力是巨大的。

传统和现代并不是矛盾的，人们在接受新鲜事物的同时要保持一份理性和坦然，保持我们中华民族的自尊和自信。

对于传入中国的西方传统节日，公众应抱着一种理智平常的心态去对待，可以

去了解、去认识这些节日的来历、意义和文化习俗，以此扩充公众的知识面，公众要理智、文明、健康地看待西方传统节日。

对待外来文化，人们要取其精华去其糟粕。这样，中华民族的文化才可以更加地发扬光大。每一个民族都有自己的传统节日。世界上的每一种文化都值得被尊重。

弘扬中华传统文化是中华民族不忘本而又面向未来从而为美好人生奋斗的基本标志和重要体现，弘扬中华传统文化是团结一切力量，是争取中华民族伟大复兴和发展的极为重要的方式，更是中华民族自尊、自重、自爱和自强的表现。

项目总结

在人类发展的历史长河中，中华民族的祖先用劳动和智慧创造了光辉灿烂的文化。中华传统文化是中华民族人文精神的积淀，是中华民族的民族之根、民族之魂。中华传统节日文化，在悠悠五千多年的历史长河中，一点点积淀、凝聚、流传至今，它寄托着炎黄子孙的文化情感。本项目主要介绍了中华传统节日的来历和习俗、传说故事、相关节日诗词等方面的内容，旨在增强学生的文化底蕴，培养学生的爱国情怀，帮助其形成正确的态度看待中华传统文化。

知识检测

1. 从下列节日中找出中国（华）传统节日，并注明其具体日期。

重阳节、元旦节、元宵节、母亲节、清明节

国庆节、中秋节、愚人节、感恩节、端午节

2. 在中国，不同的节日饮用不同的酒，饮用菊花酒的习俗是在（　　），饮雄黄酒的习俗是在（　　）。

3. 下面是和中国（华）传统节日有关的诗句和对联，请指出各诗句和对联分别写的是什么节日。

未必素娥无怅恨，玉蟾清冷桂花孤。(　　)

独在异乡为异客，每逢佳节倍思亲。(　　)

两情若是久长时，又岂在朝朝暮暮。(　　)

天增岁月人增寿，春满乾坤福满门。(　　)

活动思维

1. 某班准备以“节日文化”为主题，组织开展一次综合性学习活动，全班同学都积极参与，活动中同学们因喜欢什么节日文化发生了分歧，于是展开了一场辩论：

喜欢西方传统节日文化。理由（说两条）：

喜欢中国（华）传统节日文化。理由（说两条）：

2. 面对部分国人（尤其是青年人）对中国（华）传统节日愈来愈淡漠的情况，一些学者提出了"'保卫'传统节日，弘扬传统文化"的主张。对于"保卫"传统节日，同学们有什么好的建议，请至少写出一条。

综合运用

过中国（华）传统节日，品味传统民俗：元宵节观灯、端午节吃粽子、中秋节赏月、重阳节登高……多姿多彩的传统节日习俗内涵丰富，具有浓郁的中华文化韵味。过好中国（华）传统节日，也是对中华传统文化的一种传承。请同学们按照要求完成下列题目。

1. 请任选一种中国（华）传统节日（不重复例句），仿照例句的结构和内容，写一个句子。

例句：粽香端午，声声锣鼓赛龙舟。

仿句：

2. 端午节的中午，家人团聚，一起热热闹闹地过节，可是弟弟却一直低头玩着手机。爸爸妈妈批评他，他却说："年年都围在一起吃粽子，有什么意思，还不如玩手机呢！"此时，同学们想对弟弟说些什么。(50 字左右)

扫码得答案

【参考文献】

［1］左显兰．商务谈判与礼仪［M］．北京：机械工业出版社，2014.

［2］周朝霞．商务礼仪［M］．3 版．北京：中国人民大学出版社，2014.

［3］储节旺．商务礼仪与谈判［M］．北京：北京大学出版社，2015.

项目三
中华饮食文化

知识目标

使学生了解中华饮食文化的特点及发展阶段，理解其中所蕴涵的文化内涵。

能力目标

使学生能够运用历史视野和人类文化学的相关知识，解析中华饮食文化现象，从而具备较为丰富深厚的中华饮食文化素养。

情感态度目标

使学生对中华饮食文化产生认同感和热爱之情，民族自豪感和自信心得到提升。

任务一　中华饮食文化的发展

知识梳理

中华饮食文化历史悠久、一脉相承，历代都有所发展和创新，且积极兼收并蓄国外和国内各地的饮食文化，才最终自成体系并以其丰富多彩和独具特色的风格著称于世。中华饮食文化是在长达数千年的历史长河中，汇聚许多细流后才形成的巨流。中华饮食文化既是中国文化史也是世界文化史的重要组成部分。

想一想

怎样理解“民以食为天”的意义？

扫码得答案

一、中华饮食文化概述

饮食文化是指饮食、烹饪及食品加工技术、饮食营养保健以及以饮食为基础的习俗、传统、思想和哲学，即由人们饮食生产和饮食生活方式、过程、功能等结构组合而成的全部食事的总和。它至少包括饮食资源、烹饪技艺、食品制造、食物治疗、饮食习俗、饮食文艺等方面的内容。饮食文化作为一种文化现象主要包括三个层次：物质层次，包括饮食结构和饮食资源；行为层次，包括烹饪技艺、饮食器具、制作工艺、食物保藏运输方法等；精神层次，包括饮食观念、饮食习俗以及蕴含其中的人文心理、民族特征等文化内涵。

中华饮食文化可以从“食”和“饮”来分析。

1. 从“食”来分析

（1）八大菜系

中华菜肴分为许多流派。其中最具影响力和代表性的有：鲁菜、川菜、粤菜、闽菜、苏菜、浙菜、湘菜、徽菜，即人们常说的“八大菜系”。一个菜系的形成和它悠久的历史与独到的烹饪特色是分不开的，同时也受到菜系所处地区的自然地理、气候条件、资源特产、饮食习惯等因素的影响。有人把“八大菜系”用拟人化的手法描绘为：苏菜、浙菜好比清秀素丽的江南美女；鲁菜、徽菜犹如古拙朴实的健壮汉子；粤菜、闽菜宛如风流典雅的公子；川菜、湘菜就像内涵丰富充实、才艺满身的名士。所以说“八大菜系”的烹调技艺各具风韵，其菜肴之特色也各有千秋。

（2）地方小吃

北方的小吃比较豪爽。比如，兰州拉面！一碗拉面端上来，“一清、二白、三红、四绿”。汤色清澈，香气很浓，萝卜片洁白纯净，鲜红的辣椒油漂在汤上，青菜新鲜碧绿。尝一口面，韧而不硬，滑而不烂。

南方的小吃比较注重精工细作，比如萝卜丝饼、蟹壳黄、花生酥等，不仅造型精美，更重要的是口感松软、味道香甜。

2. 从“饮”来分析

（1）茶文化

茶文化包括茶叶品评技法、茶艺鉴赏、品茗环境体验等整个品茶过程的美好意境。品茶过程体现了形式和精神的相互统一。茶文化历史悠久，底蕴深厚。全世界有100多个国家和地区的居民都喜爱品茶。有的地方把饮茶品茶作为一种艺术享受来推广。各国的饮茶方法各不相同，各有千秋。中国人民历来就有“客来敬茶”的习惯，这充分反映出中华民族的文明和修养。根据加工方法不同，将茶叶分为绿茶、红茶、乌龙茶、白茶、黄茶和黑茶六大类。

茶道是烹茶饮茶的生活艺术，是一种以茶为媒的生活礼仪，也被认为是一种修身养性的生活方式，它通过沏茶、赏茶、闻茶、饮茶，增进友谊，美心修德，学习礼仪。喝茶能静心、静神，有助于陶冶情操、去除杂念，这与提倡“清静、恬淡”的东方哲学思想很合拍。茶道是茶文化的核心，是茶文化的灵魂。

（2）酒文化

“古来圣贤皆寂寞，唯有饮者留其名。”这是唐代大诗人李白的一句诗。中国是屹立于世界的文明古国，在中华民族数千年历史长河中，酒和酒文化一直占据着重要地位。酒是一种特殊的食品，是属于物质的，但酒又融于人们的精神生活。酒文化作为一种特殊的文化形式，在中华传统文化中有其独特的地位。在数千年的文明史中，酒几乎渗透到社会生活中的各个领域。酒文化在中国源远流长，不少文人学士写下了品评鉴赏美酒佳酿的著述，留下了斗酒、写诗、作画、养生、宴会、饯行等酒神佳话。

酒的分类：根据制造工艺分类，有蒸馏酒、酿造酒、配制酒；根据酒中酒精含量分类，有高度酒、中度酒和低度酒；根据商业经营分类，可分为白酒、黄酒、果酒、啤酒和药酒。

二、中华饮食文化的特点

1. 科学性

（1）选料广泛。荤素兼备，营养的均衡性强。

（2）饮食习惯与地理、气候密切联系，以食补身。如鲁地天寒，鲁菜擅长高热量、高蛋白。

（3）重视精工细作。各菜系均重火工，擅调味，这有利于清除食品表面的不良物质，使之安全卫生，有利于营养吸收。

2. 艺术性

中华饮食不仅要求烹饪技艺精湛，而且讲究菜肴的美感，注意食物的色、香、味、形、器的协调一致。中华饮食对菜肴美感的表现是多方面的，无论是胡萝卜，还是白菜心，都可以雕出各种造型，达到色、香、味、形、器的和谐统一，给人以美的享受。中华饮食注重品味情趣，不仅对饭菜点心的色、香、味有严格的要求，而且对它们的命名、品尝的方式、进餐时的节奏、进餐时娱乐的穿插等都有一定的要求。中国菜肴的名称可以说出神入化、雅俗共赏。菜肴名称既有根据主料、辅料、调料及烹调方法来命名的，也有根据历史掌故、神话传说、名人食趣、菜肴形象来命名的，如“全家福”“将军过桥”“狮子头”“龙凤呈祥”“鸿门宴”“东坡肉”等。

3. 人文性

设宴请客，开始于周代，是“礼”的重要组成部分，邀客用请柬，客人来后敬茶、敬酒。入席时要以长幼、尊卑排座次。

三、中华饮食文化的发展阶段

1. 初始阶段（原始社会）

饮食资源多为渔猎的水鲜和野兽，间有驯化的禽畜、采集的草果和试种的五谷，饮食资源很不充裕。调味品主要是粗盐，也用梅子、苦果、香草和野蜜。饮食器具是陶制的鼎、甑、鬲、釜、罐和地灶、砖灶、石灶；燃料为柴草；还有粗制的钵、碗、盘、盆作为食具；烹饪技艺是火炙、石燔、汽蒸并重，较为粗放。至于菜品，也相当简陋，最好的美味也不过是传说中彭祖为尧帝烧制的“雉羹”（野鸡汤）。此时进行的烹饪技艺，仅仅出自求生需要；关于饮食和健康的关系，人们的认识是模糊的。在食礼方面，祭祀频繁，人们常常以饮食取悦于鬼神，求其荫庇。这时开始有了原始的饮食审美意识，如食器的美化、欢宴时的歌呼跳跃等。这既是后世筵席形式的前驱，也是当时人们社交娱乐生活的重要组成部分。总之，初始阶段的中华饮食文化好似初出娘胎的婴儿，既虚弱、幼稚，又充满生命活力，为后世中华饮食文化的兴盛奠定了良好的基石。

2. 孕育阶段（夏至先秦）

这一阶段中华饮食文化在许多方面都有突破，对后世中华饮食文化影响深远。饮食资源显著增加，人们习惯于以“五”命名饮食资源。如“五谷”（稷、黍、麦、菽、麻），“五菜”（葵、藿、薤、葱、韭），“五畜”（牛、羊、猪、犬、鸡），“五果”（枣、李、栗、杏、桃），“五味”（米醋、米酒、饴糖、姜、盐）之类。饮食资源能够以“五”命名，说明了当时饮食资源已比较丰富。饮食器具革新，轻薄精巧的青铜食具登上了烹饪舞台。菜品质量飞速提高。由于饮食资源充实和饮食器具改进，这时的烹饪技艺有了提高。在饮食制度等方面也有新的建树。如从夏代起，宫中首设食官，配置御厨，迈出食医结合的第一步，重视帝后的饮食保健，这一制度一直延续到清代末期。所以，夏商周三代在中华饮食文化发展史上开了一个好头，后人有“百世相传三代艺，烹坛奠基开新篇”的评语。

3. 形成阶段（汉至隋唐）

隋唐时期，饮食资源进一步丰富，通过陆上丝绸之路和海上丝绸之路，从西域和南洋引进了一批新的蔬菜品种，还由于近海捕捞业的昌盛，海蜇、乌贼、玳瑁、对虾、海蟹等相继入馔，大大提高了海产品的利用率。在烹饪技艺方面，隋唐的突出成就是工艺菜式（包括食雕冷拼和造型菜）的兴起。

4. 成熟阶段（宋元明清）

明清时期中国已经从国外引进了不少农作物品种，饮食资源进一步扩展，而且烹饪的调味品也越来越精、越来越多，饮食味道越来越丰富。

四、中华饮食文化未来的发展方向

中华饮食文化将在世界大交流、大变革的历史潮流中得到提高和发展壮大，未来饮食文化将朝着“速、朴、养、清、奇、乐”六个方面发展。

其原因，一是中华饮食本身所包含的学问就是融合的学问、变革的学问和创新的学问。二是当前及未来中国处在与世界各国文化的大交流和大融合之中。

当今世界经济，发展是主流。随着各国经济的发展，许多国家，特别是世界上人口最多的国家——中国，国民的温饱问题已经解决，国民不仅平均收入得以提升，而且国民的思想得以逐步开放，国民对饮食的认识也发生了大的转变。因为国民收入普遍提高，所以大家愿意花钱和朋友相聚，更喜欢全家到餐馆享受一顿美食，以显现家庭和乐气氛。再就是由于国民逐渐富裕起来，外出旅游的人数迅猛增长。旅游者的增加为餐饮业带来大量就餐人数。还有因种种原因外出的其他流动人员，亦是餐饮业的一个重要顾客群。由此看来，中华饮食文化不仅要发展，而且还将会有一个较大的发展。

经以上分析，可看出，未来饮食文化的具体走向，将会朝着“速、朴、养、清、奇、乐”六个方面发展。

（1）“速”指时间快速，现代社会竞争激烈，生活节奏加快，大部分人都生活在紧张的节奏之中，要快做快吃。这种“速”，既不同于过去那种以节简、艰苦为心态的价值取向，也不意味着饮食文化的衰落，而是以效率为基本出发点，同时考虑到营养和口感。其将推动饮食文化向易于制作、易于食用、易于保存的高水平方向发展。

（2）“朴”指食物返璞归真，当人类从茹毛饮血到用火做熟食及烹饪技艺的出现和发展，人们的饮食循着由粗到精、由天然到人工的方向发展，可现在食用天然食物的需求却越来越强烈。尽管世界各国饮食文化不同，但对于饮食资源要朝天然、健康方向发展的理念则颇为一致。在欧美等西方发达国家，追求食用绿色、黑色食品和野生天然食品已经成为一种时尚。

（3）“养”指吃的食物要具有营养保健功效，饮食的基本功能在于满足人类生存和发展的需要，食物营养价值的高低和食物能否起到保健作用，是衡量食物健康与否的主要标志。现在讲营养，主要是讲如何获取适度、均衡的营养，使生命体更加健康强壮。中国食物消费基本上属于高谷物膳食类型，人体摄取动物性蛋白质所占比例明显低于西方国家。未来中华饮食的发展应以此为借鉴，发扬中华传统膳食结构中食物要互相搭配的优良传统，努力做到荤素相配、粗细相配、主食副食相配，保证营养适度、均衡。

（4）“清”指口味清淡，随着国民温饱问题的解决，人们对味觉的要求也发生了较大变化，这也是健康饮食的需求。

（5）“奇”指异域他乡的奇食，猎奇本来就是人类共有的一种心态。自从 20 世纪 80 年代以来，无论是美国的肯德基、麦当劳和可口可乐，还是日本料理、韩国烧烤、法俄大菜和意大利比萨店，如雨后春笋般在中国许多大中城市出现。这些异国食品和快餐带来了一种新奇的饮食文化。

（6）“乐”指吃的快乐，食对于人类而言有两重性。食，既有维持生命的一面，又有快乐的一面。吃东西虽属生物遗传性现象，可人类的这种生理之欲，则有着许多的附带价值。这附带价值的体现，就是饮食文化，以及由此而发明创造的烹调工具、烹饪技艺、饮食礼仪和饮食风尚等。食之乐是中华饮食文化的一种境界，从饮食中寻找快乐，成为中华饮食文化发展的另一个方向。

说一说

请同学们结合《舌尖上的中国》节目说一说对“中华民族饮食文化圈”理论的理解。

扫码得答案

做一做

通过上文说一说活动让同学们了解家乡饮食文化习俗，并制作课件展示。

任务二　中西方饮食文化差异分析

知识梳理

在世界文化这一大的领域中，饮食文化占据着很重要的地位。中西方文化差异带来了中西方饮食文化差异，本任务主要通过中西方饮食观念、饮食方式、餐桌礼仪、菜名的差异几个方面来分析中西方饮食文化差异。再通过阐述中西方农业结构的差异、价值观的差异和哲学观的差异来分析造成中西方饮食文化产生差异的原因。随着国际之间的交流与融合，中西方饮食文化将在交流与融合中共同发展，中西方饮食文化的交流对全世界范围内的文化交流将起到促进的作用。

想一想

历史上中西方饮食文化交流的主要渠道有哪些?

扫码得答案

一、中西方饮食观念

中国是传统的农业大国，种植业发达，有多种多样的烹饪技艺。西方则以畜牧业为主，烹饪技艺与中国相比就显得十分简单。由于饮食的主要内容、人们的生活背景、人们的宗教信仰等方面的不同，中西方在饮食观念方面存在很多差异。

（一）美味与营养的观念不同

在中国，很多传统食品的制作都要经过油炸，这就使菜肴的营养成分受到一定程度的破坏，许多营养成分流失了。中华饮食一般先考虑的是食物的色、香、味俱全，通常会忽视营养问题。

西方日常饮食会侧重考虑蛋白质、脂肪、维生素等搭配是否合适，能否被进食者充分吸收消化，而饭菜的色、香、味如何，西方人一般不会过多考虑。

（二）铺张与节俭的观念不同

中国人请客吃饭通常讲究排场，排场大才够体面，所以备餐时酒和菜都是很丰盛的，餐桌上的饭菜数量要多，质量要好。菜的数量越多，菜越珍贵，越显得主人很好客、很热情。但是主人准备的饭菜如果仅是够吃的话，主人就会被视为小气，薄待了客人，所以在饭店里部分人点菜显得格外铺张、浪费。近几年，中国社会一直提倡珍惜粮食，倡导“光盘行动”，以往的餐饮浪费现象得到了有效遏制。

西方人在饮食节俭这方面的意识是比较强的，大部分西方人吃饭讲究简单化。平时宴客，饭菜的准备较为简单，他们觉得只要够吃能吃饱就可以了。美国有一种简单的聚会形式，即要求参加聚会的人自带一道菜或者饭后的甜食，让大家共享，而主人只提供一些饮料和一道菜就行了，可见，大部分西方人比较注重饮食节俭。

（三）赴宴时着装的观念不同

着装体现了一种社会文化，也体现一个人的审美情趣和文化修养。在中国有句俗语：人靠衣服马靠鞍。中国人通常赴普通宴会时穿着会比较随意，穿平时所穿的衣服，不用刻意地装扮，只有参加重要的宴会才会穿得很正式。而大部分西方人只要赴宴就会穿得较为正式、得体。男士通常是内穿白衬衫，打领带，外穿西装，再配一双黑色的皮鞋。女士要穿礼服套装，还要戴上耳环。如果去高档的餐厅，不可以随意穿上休闲服到餐厅里用餐，在中国就没有这么严格的要求。由此可以看出，在赴宴时中西方着装的观念是有所不同的。

二、中西方饮食方式

（一）共餐制与分餐制

中西方饮食文化有很大的区别，就饮食方式来讲，中国深受其传统文化的影响，吃饭时为了能形成一种团结、和谐的氛围，使用的一般都是圆形的餐桌，大家团团围坐，共同享用桌上的丰盛食物，人们把这种饮食方式称为“共餐制”。在西方，无论是宴请客人还是一家人坐下来吃饭，就餐者都是一人一份食物，各吃各的，人们把这种饮食方式称为“分餐制”。中国的共餐文化往往可以制造一种和谐、融洽的氛围，人们相互敬酒、相互搛菜，可以体现中华民族的传统美德，中国人也早已习惯了这种就餐方式。

而西方人吃饭习惯用长条桌子，实行分餐，每人各自点菜，各持一份食物，“分餐制”看起来总觉得过于冷清，但实质上有利于卫生和节俭。就拿吃鱼来讲，西方人通常是先把鱼破开，去掉主骨，切成一块一块后再进行加工食用。中国人是把整条鱼做好放在桌上，大家围着桌子一起吃。从卫生角度来讲，“共餐制”确实给人们的健康带来了一些隐患，很多人一起边吃边说笑，唾液乱飞，甚至还有人在一盘菜里面翻来翻去地挑选食物。有的主人为了表示自己的热情，直接用自己的筷子帮客人搛菜等。鉴于此，我国相关人士提出使用“公筷公勺”的建议，倡导文明健康的用餐方式。

（二）餐具的不同

在餐具方面，中西方的差异十分明显。中国人用筷子夹食物，西方人用刀叉切割食物，餐具的不同也是在不同文化背景下形成的。众所周知，包括中国在内的一些亚洲国家，吃饭时使用的是筷子和汤匙，饭也用碗盛；而西方人则是用盘子盛食物，用刀叉一边切割一边吃，喝汤有专门的汤匙。筷子和刀叉分别作为中西方最具代表性的两种餐具，影响着中西方人的生活方式，代表着两种不同的智慧。

三、中西方餐桌礼仪

礼仪是人与人之间交流的规则，是一种语言，也是一种工具。中国自古以来就是礼仪之邦，有着灿烂的华夏文明。西方也有自己的餐桌礼仪，但由于中西方文化各具特色，所以中西方餐桌礼仪也会存在着差异。为了更好地进行文化交流，了解不同文化背景下餐桌礼仪之间的差异是非常有必要的。

1. 餐桌的不同

中餐餐桌几乎都是圆桌（新式快餐及小吃部另当别论），西餐餐桌几乎都是方桌——一圆一方，彰显着文化的不同。

中国人到餐馆吃饭是一个重要的交际行为。一般一个人出钱做东，大家一起围着一张圆桌，谈天论地，便于交流、沟通。使用圆桌，显然是便于沟通的最佳就餐方式。

西餐厅也是交际场合，但注重的是一对一交流。一条方桌宽不过一米左右，对面客人伸手可及。西方人交谈时通常会看着对方的眼睛，如果一边跟对方讲话，一边回应旁边的其他人，或者侧身跟别人讲话都会被认为是对交谈对象的不尊重。使用方桌正好解决这一问题。

2. 用餐时的氛围不同

在餐桌上，中国人吃饭通常要有一个热闹、温馨的环境，大家围坐在一起边吃边笑、边谈话才会显得很热闹，但用餐时如果主人和客人不谈话，在中国人看来，气氛就会显得格外冷清，也是很不礼貌的行为。而西方人在用餐时，通常喜欢安静的环境，他们认为用餐时一定要注意礼仪，比如在喝汤时发出声音、大声与别人谈话等都会被视为失礼。西方人用餐时很安静，比如在英国，通常用餐的人都是静悄悄的，甚至牙齿都不露出来，保持着绅士风度。他们认为在餐桌上说笑或者发出奇怪的声音都是一种很粗鲁的行为。由此可见，中西方用餐时的氛围也有很大的差异。

3. 用餐时的礼仪不同

自古以来，中国就是一个懂礼、习礼、重礼的国家。中国的传统文化讲究谦让、和谐，这也是中国的传统美德。餐桌上的各种用餐礼仪成了中华民族的优秀文化传统之一。中国人用餐时的礼仪讲究就餐前要排座。总的来说，座次的首席要让年长者、辈分高的人来坐，末席是年龄小、辈分低的人来坐。排座是以尊敬老人、尊重宾客为基本的原则，这也体现了中国人的道德文化修养，在饮食生活中体现一种人情和伦理之美。吃完饭后，如果长辈还没吃完，晚辈就不能离开他们的座位。

西方人用餐时也有他们独特的礼仪。西方国家的餐桌是长条形的，主人会让客人来坐主宾席。关于座次的排列，主要有英美式和法式这两种排列方法。英美式座次的排列方法是：餐桌的两端是男女主人，然后男客人坐在女主人的右侧，女客人坐在男主人的右侧；法式座次的排列方法是：男女主人在中间位置对坐，女主人右侧是男主宾，左侧是男次宾。男主人右侧是女主宾，左侧是女次宾。

四、中西方菜名

中国很多菜名包含了大量的历史、文化信息。如“东坡肉”，传说是根据宋代的大文豪苏东坡流传下来的食谱烹制的；“宫保鸡丁”，“宫保”是中国古代官员们一种荣誉的加衔。有的菜名还与典故、传说有很大的关系，如“霸王别姬”。“佛跳墙”则是传说这道菜的香味引得寺庙里的和尚纷纷跳出院墙来寻找这道菜。随着饮食文化的不断发展，菜肴的内容也在不断地变化。

相比之下，西餐的菜名要简单得多，炸鸡腿、香辣鸡翅、炸薯条、汉堡包、海鲜汤，几乎无一不是以原料加上烹饪方法来命名的。还有一些西餐厅里经常出现的菜肴如意大利面条、意大利比萨饼等也是如此。这在大部分中国人看来就没有诗情画意的“味道”在其中了，但这种菜肴命名方法却符合西方人快节奏的工作和生活，省去了点餐时不必要的思考时间，简化了用餐的过程。

五、中西方饮食文化产生差异的原因

（一）农业结构的差异

中国国土辽阔，历史悠久，地理环境多样，物产丰饶。这些有利的条件都为中华饮食文化的形成提供了充分的物产资源。中国的主食以稻米和小麦为主，另外小米、玉米、土豆等也占有一席之地。各种主食，如馒头、面条以及各种粥类、饼类和千变万化的小吃使得人们餐桌上的食物极为丰盛。中国饮食中主食以水稻和小麦为主要原料，这是受农作物“南稻北麦”分布影响的。

美国东临大西洋，西临太平洋，暖湿气流给美国三分之二的土地带来了丰富的降水，对于牧草生长来说极为合适，耕地面积小于草原面积的自然条件决定了其畜牧业较为发达，畜牧业在美国农业结构中占主导地位。欧洲西部受西风带控制，属于温带海洋性气候，多阴雨天气，冬无严寒，夏无酷暑，一年四季降水比较均匀，不利于粮食作物及油料作物的生长，但利于多汁牧草生长。因此，一般以畜牧业、花卉种植业等农业类型为主。欧洲东部，属于温带大陆性气候，由于远离海洋，或者地形阻挡，湿润气团难以到达，因而干燥少雨，农作物以耐旱的小麦为主。这样的农业结构决定了西方人的饮食以肉食与面食为主。

（二）价值观的差异

价值观是基于人的一定的思维感知而做出的认知、理解、判断或抉择，也就是人们认定事物、判定是非的一种思维或取向。价值观对人们自身行为的定向和调节起着非常重要的作用。因此，价值观会影响人们对事物的看法。通常西方人更喜欢一个人吃饭。他们更倡导个人主义，因此西方的饮食文化显示为“分离”的形式。这与中国的“分享”方式有很大的不同。例如，在西餐餐桌上，人们也围坐在餐桌旁，但每个人都有他或她自己的盘子、叉子和刀子、勺子。他们根据自己的喜好把食物放进自己的盘子里然后再吃。这说明西方人重视个人隐私，这在很大程度上受到了个人主义价值观的影响。大部分西方人崇尚个人主义价值观，注重个性自由发展。他们把个人作为发展的中心，强调个人的自由、热情和主动性。

众所周知，中国人就餐时喜欢使用大圆桌，从而在宴会中营造一种团结和谐的氛围。长期以来，中国人喜欢与家人和朋友分享食物和其他东西。当开始用餐时，主人通常会告诉客人菜肴的名字，并热情邀请客人品尝。如果客人赞美菜肴的美味，会使主人相当高兴。这种模式的饮食文化延续了数千年。事实上，中华饮食文化内涵更像食物本身，意味着统一、幸福和满足。因此可以发现，中国人非常崇尚集体主义价值观。集体主义是忠诚和团结的象征。同样，人们相互敬酒、相互问候，从一个侧面反映了各种传统美德，如相互尊重、相互关心。这与中华民族的团结心态相吻合，也体现了中国古典哲学的“和谐”。

（三）哲学观的差异

哲学体系在文化构成中占据着相当重要的地位。就西方制度而言，人们更倾向于形而上学。也就是说，世界是孤立的、静态的、片面的。如果有任何变化，那只是数量和地点的变化，但这种变化的原因不是在事物内部而是在事物之外。就是说，人们应该用最直接的方式看待事物，追求事物的透明性而不注重内部关系。反映在饮食文化中，就是任何事物都以最直接的方式呈现给人们，没有任何华丽的点缀。

无论是菜单还是摆盘，这都符合西方人做事的原则。西方人认为营养是饮食的最高标准，这一概念进一步反映了西方人的直接行为和思想。在形而上学的哲学思想的影响下，西方人对现实与客观的追求表现出高度的热情。所以大多时候他们不关心食物制作的艺术性和创意性。

与西方人不同，中国传统哲学最鲜明的特征之一是强调分寸、整体合作和适度。抽象的分寸感和适度性很难界定，但中国人却达到了完美的和平境界。在烹饪中，中国人注重整体的整合。他们根据自己的经验协调菜肴的各个部分，形成美味的食物。同时，同一菜肴也可能有不同的味道。中国人通常以经验把握菜肴，追求烹饪技艺的随意性和艺术性。

六、中西方饮食文化的交流与融合

在全球化背景下，随着经济全球化及信息交换速度的加快，中西方饮食文化也在相互借鉴与渗透中发展。譬如，现在中餐越来越注重食物的营养性、健康性和烹饪技艺的科学性，而西餐也开始向中餐的色、香、味、意、形相统一的境界发展。可以预见，中西方饮食文化将在交流与融合中共同发展。中西方饮食文化的相互借鉴与渗透将进一步促进中西方文化的全面交流，从而增进中西方之间的了解，为中西方和谐发展带来机遇与支持。

饮食文化是跨文化交际中非语言文化中的一部分，了解中西方饮食文化的具体差异和造成这种差异的原因，不仅能够增加我们关于饮食文化方面的知识，而且还能够避免在餐桌上因为不恰当的饮食行为所造成的误解和交际障碍。随着跨文化交际的不断发展，国与国之间在各个方面的联系也越来越紧密，中西方饮食文化之间的差异也将会被更多的人所了解，两种饮食文化相互交流、融合同化必然给中西方人民带来更加丰富多彩、更加健康的生活。

说一说

举例餐饮业企业文化。

扫码得答案

饮食文化随想

任务三 筵席文化

知识梳理

筵席，即通常所说的酒席。古人通常席地而坐，“筵”和“席”都是铺在地上的坐具，铺在地上的叫“筵”，铺在“筵”上供人卧的叫“席”。人们往往就饮食而设筵，且筵上有席，故称之为“筵席”。筵席文化源远流长，博大精深。它汲取各地饮食之精华，是中华饮食文化的组成部分，广泛而深刻地影响着中华饮食文化的发展，充分体现了中华民族人杰地灵的精神风貌。可以说，它是华夏饮食百花园中的一朵奇葩。

想一想

中华民族历史悠久，中华文化博大精深，饮食由人类最基本的生存条件上升至一种文化，在中华的广袤土地上源远流长。早在1000多年前北宋时期，各地的饮食文化已经有了区别。那么我们应该怎样去学习中华饮食文化中的筵席文化呢?

一、八大菜系

（一）八大菜系的形成

中国的菜系，是指在一定区域内，由于气候、地理环境、历史文化、饮食资源及风俗口味的不同，经过漫长历史演变而形成的一整套自成体系的烹饪技艺和烹饪风味，并被全国各地所承认的地方菜肴。

北宋时期，人们的口味主要有两种，北方人喜欢吃甜的，南方人喜欢吃咸的，跟现在正相反。至南宋，北方人大量移民南方，并将甜的口味带到南方，逐渐形成现今南方地区的主要口味。同样，南宋时期北方的饮食文化也受到游牧民族的影响，口味逐渐偏咸了。到了明代末期，中华饮食已有京式、苏式和广式之分；京式偏咸，苏式、广式则偏甜；菜系的雏形至清代趋于成熟。清代中期，川菜已经形成。清代末期形成鲁、淮扬、粤、川“四大菜系”。

从民国开始，各地的饮食文化有了相当大的发展。淮扬菜分为苏菜、浙菜和徽菜，粤菜中分出闽菜，川菜中分出湘菜，这就形成了盛行于今的“八大菜系”，这“八大菜系”代表了中华各地色、香、味、形俱佳的传统特色烹饪技艺。

（二）八大菜系的形成背景

就气候原因而言，北方寒冷，菜肴以浓厚、咸香为主；华东地区气候温和，菜肴则以甜咸、清淡为主，西南地区多雨潮湿，菜肴多麻辣味浓。

论习俗，北方多牛羊，常以牛羊肉做菜；南方多产水产、家禽，人们喜食鱼虾、鸡鸭；沿海多海鲜，则多用海产品做菜。还有因烹饪技艺不同形成了不同的菜肴特色，如鲁菜擅长爆、炒、烤、熘等；苏菜擅长蒸、炖、焖、煨等；川菜擅长炒、煸、煮、炸等；粤菜擅长卤、焗、炒、煲等。一个菜系的形成，除了受到该地区的自然地理环境、气候、饮食资源、风俗口味等影响外，还与其悠久的历史文化分不开。

1. 地理环境和气候的差异

中国地大物博，幅员辽阔，地理环境和气候多样且复杂，从北到南跨越寒温带、中温带、暖温带、亚热带、热带，东西递变为湿润区、半湿润区、半干旱区、干旱区，高原、山地、丘陵、平原、盆地、沙漠等各种地形地貌交错，形成自然地理环境的复杂性和气候多样性特征，造成了各地的饮食资源和口味不同。

2. 饮食资源的不同

本部分以山东和江苏为例，来说明饮食资源的不同对菜系形成的影响。山东地处黄河下游，气候温和，境内山川纵横，河湖交错，沃野千里，物产丰富，号称“世界三大菜园”之一，其东部海岸线漫长，盛产海产品，故鲁菜中胶东菜以烹饪海鲜见长。江苏地处中国东部湿润区，气候温和，地理环境优越，东临黄海，省内有长江、淮河流过，大运河纵流南北，省内大小湖泊星罗棋布，号称“鱼米之乡”。出产镇江鲥鱼，两淮鳝鱼，南通刀鱼，连云港海蟹、沙光鱼，由此产生了全鱼席。

3. 口味不同

由于地理环境和气候的差异，还造成了中国人饮食的口味差异。喜辣的食俗多与气候潮湿的地理环境有关。中国东部沿海地区，气候湿润多雨，冬春两季阴湿寒冷，而四川虽不处于东部，但因其地处盆地，更是潮湿多雾，一年四季少见太阳。

这种气候导致人身体表面的湿度与空气饱和湿度相当，人体难以排出汗液，使人易患风湿寒邪、脾胃虚弱等病症。吃辣椒有助于人体排出汗液，还可以驱寒祛湿，养脾健胃，对健康较为有利（对部分地域而言）。另外，东北地区吃辣也与寒冷的气候有关，吃辣可以驱寒。

山西人能吃醋，可谓“西酸”之首。这一带的劳动人民经过长期的实践，发现多吃酸性食物有利于缓解骨骼中钙的沉积，从而减少结石等疾病的发生。此外，西部人通常喜欢吃硬质的食物，易导致消化不良，所以吃酸有助于消化。久而久之，这一带的人民就渐渐养成了爱吃酸的习惯。

中国北部地区气候寒冷，过去一段时间内，在冬季，新鲜蔬菜对北方人是罕见的。即使有少量的蔬菜也难以在冬季保存，北方人便把蔬菜腌制起来慢慢“享用”，这样北方大多数人就养成了吃咸的习惯。

南方多雨，光热条件好，盛产甘蔗，比起北方来，蔬菜更是可以在一年中收获多次。南方人被糖类食材“包围”，自然也就养成了吃甜的习惯。

4. 历史文化原因

中华民族是一个以汉族为主体的多民族的共同体，汉族主要活动地区为黄河流域、长江的中下游流域，这些地区多为平原，水系发达，土壤肥沃，气候适宜，经济文化繁荣，交通便利。黄河中下游流域是中国古文化的发祥地之一。《夏书·禹贡》中载有“海岱惟青州”“厥贡盐絺”，说明至少在夏代，山东已经用盐调味；《诗经》中也有食用黄河鲂鱼和鲤鱼的记载，而今糖醋黄河鲤鱼仍然是鲁菜中的佼佼者，可见其源远流长。

可见，“八大菜系”的形成是多种因素共同作用的结果。不同菜系之间相互区别，相互借鉴，共同发展，最终形成了博大精深的中华饮食文化。可见，中华美食，不仅味美、形美、丰富多彩，而且文化底蕴深厚，所以中国就有了“烹饪王国”这样的美誉。

（三）八大菜系

1. 鲁菜

鲁菜即山东菜系，由齐鲁、胶东、孔府三种风味组成，是宫廷最大菜系。以孔府风味为龙头。

齐鲁风味以济南菜为代表，在山东北部、天津、河北盛行。齐鲁风味以清香、鲜嫩、味纯著称，一菜一味，百菜不重。尤重制汤，用高汤调制是济南菜的一大特色。糖醋鲤鱼、宫保鸡丁、九转大肠、汤爆双脆等都是家喻户晓的济南名菜。济南著名的风味小吃有：锅贴、灌汤包、盘丝饼、金钱酥等。

胶东风味以烟台福山菜为代表，流行于胶东、辽东等地，以烹饪海鲜见长，口味以鲜嫩为主，偏重清淡，讲究花色。代表菜有肉末海参、酸辣鱼丸、大虾烧白菜、黄鱼炖豆腐等。特色小吃有烤鱿鱼、辣炒蛤蜊、海鲜卤面、鲅鱼水饺等。

孔府风味以曲阜菜为代表。流行于山东西南部和河南地区，有“食不厌精，脍不厌细”的特色，其用料之精广、筵席之丰盛，堪与古时的御膳相比。孔府风味的代表菜有翡翠虾环、海米珍珠笋、菊花虾包、一品豆腐、拔丝金枣等。

2. **川菜**

川菜即四川菜系，分为上河帮、下河帮、小河帮。四川菜系各地风味比较统一，主要流行于西南地区和湖北地区，在中国大部分地区都有川菜馆。川菜是中国最有特色的菜系，也是民间最大菜系，具有取材广泛、调味多样、菜式适应性强三个特征。其六大名菜是：鱼香肉丝、宫保鸡丁、夫妻肺片、麻婆豆腐、回锅肉、东坡肘子；另外干烧鳜鱼、怪味鸡、粉蒸牛肉、毛肚火锅、灯影牛肉、担担面、赖汤圆、龙抄手等也极负盛名。

上河帮是以成都和乐山为中心的蓉派菜系，菜品特点为亲民平和，调味丰富，口味相对清淡。菜品用料精细准确，严格以传统经典菜谱为烹饪标准。川菜之高档精品集中在上河帮，常常用于衡量厨师厨艺最高等级的“开水白菜”便是其登峰造极的菜式。

下河帮以重庆、达州、南充为中心，菜品以大方粗犷、花样翻新迅速、用料大胆、不拘泥于原料著称，俗称江湖菜。其代表作有酸菜鱼、毛血旺、辣子鸡、香辣虾等，最著名的是风靡国内外的麻辣火锅。

小河帮以自贡和内江为中心，菜品特点是大气、怪异、高端，譬如冷吃系列。小河帮是水煮技法的发源地，由水煮牛肉发展到水煮鱼、水煮肉片等水煮系列精品川菜。

3. **苏菜**

苏菜即江苏菜系，在一般餐馆常常被称为“淮扬菜”。大致分为四大风味：徐海风味、淮扬风味、金陵风味和苏南风味。苏菜选料讲究，刀工精细，口味偏甜，造型讲究，特色鲜明，很少放辣椒。

徐海风味以徐州菜为代表，流行于徐海和河南地区，与鲁菜中的孔府风味较近。徐海风味鲜咸适度，清而不淡、浓而不浊，多用大蟹和狗肉，尤其以全狗席著名。

淮扬风味以扬州、淮安菜为代表，主要流行于大运河地区，南至镇江，北至淮河，东至沿海。淮扬风味选料严谨，讲究鲜活，主料突出，刀工精细，讲究原汁原味，并精于造型。菜品口味咸淡适中，南北皆宜。著名菜品有清炖蟹粉狮子头、大煮干丝、三套鸭、水晶肴肉等。

金陵风味以南京菜为代表，主要流行于南京和安徽地区。南京菜特别讲究七滋七味，即酸甜苦辣咸香臭，鲜烂酥嫩脆浓肥；其中“臭”应是油炸臭豆腐而非臭鳜鱼，因为后者属于徽菜系列。南京菜以制鸭馔而出名，素有“金陵鸭馔甲天下”的美誉。南京小吃是中国四大小吃（南京、上海、苏州、长沙）之一，代表有小笼包子、葱油饼、豆腐涝、蟹黄面、糖粥藕等。

苏南风味以苏州菜为代表，主要流行于无锡和上海地区。苏州菜注重保持原汁原味，其时令时鲜，甜咸适中，酥烂可口，清新腴美。名菜有香菇炖鸡、咕咾肉、松鼠鳜鱼、响油鳝糊、糖醋排骨、阳澄湖大闸蟹等。苏州小吃主要有卤汁豆腐干、松子糖、苏式月饼、枣泥麻饼、猪油年糕、小笼馒头等。

4. 粤菜

粤菜即广东菜系，由广府、客家、潮汕三种风味组成。粤菜馆在国内外影响极大，不仅在港澳，在世界各国的中菜馆，多数是以经营粤菜为主。粤菜是民间第二大菜系，地位仅次于川菜，在国外是中国的代表菜系。

广府风味以广州菜为代表，主要流行于广东中西部、广西东部、中国香港、中国澳门。广府风味注重质和味，口味比较清淡，力求清中求鲜、淡中求美。食味讲究清鲜嫩爽滑香；调味遍及酸甜苦辣咸。代表菜有文昌鸡、白灼虾、烤乳猪、香芋扣肉等。

客家风味以惠州菜为代表，流行于广东、江西和福建的客家地区。客家菜下油重，口味偏咸，酱料简单，但主料突出。喜用鸡、鸭、鹅，很少使用蔬菜，河鲜海产也不多用。代表菜有东江盐焗鸡、东江酿豆腐、爽口牛丸、酿三宝等。

潮汕风味以潮州菜为代表，主要流行于潮汕地区。潮州菜以烹调海鲜见长，刀工讲究，口味偏重香浓鲜甜。潮州卤鹅、水晶包、萝卜糕、猪肠灌糯米、豆酱鸡、葱姜炒蟹等，都是潮州特色名菜。

5. 闽菜

闽菜是以闽东、闽南、闽西、闽北、闽中、莆仙地方风味为主形成的菜系，其构成复杂，以闽东和闽南风味为代表。

闽东风味以福州菜为代表，主要流行于闽东地区。其选料精细，刀工严谨；讲究火候，注重调汤；喜用作料，口味多变。闽东风味五大代表菜为佛跳墙、鸡汤氽海蚌、淡糟香螺片、荔枝肉、醉糟鸡。

闽南风味以泉州菜为代表，主要流行于闽南、台湾地区，具有清鲜、爽淡的特点，闽南风味讲究作料并擅长使用辣椒酱、芥末酱等调料，海鲜、药膳、南普陀素菜较为著名。

闽西风味以长汀菜为代表，主要流行于闽西地区。长汀菜多以山区特有的奇味异品做原料，有多汤、清淡、滋补等特点。代表菜有薯芋类、野菜类、瓜豆类等菜肴。

闽北风味以南平菜为代表，主要流行于闽北地区。主要代表菜有涮兔肉、熏鹅、菊花鱼、茄汁鸡肉、建瓯板鸭等。

闽中风味以三明、沙县菜为代表，主要流行于闽中地区，以风味独特、做工精细、品种繁多和经济实惠而著称，其中最有名的是沙县小吃。

莆仙地方风味以莆田菜为代表，主要流行于莆仙地区。莆仙菜以乡野气息为特色，主要代表菜有五花肉滑、炒泗粉、回力草炖猪脚、土笋冻等。

6. 浙菜

浙菜风味鲜嫩软滑，香醇绵糯，清爽不腻；浙菜品种丰富，菜式小巧玲珑；在中国众多的地方风味中占有重要的地位。浙菜就整体而言有四个特点，即选料讲究，烹饪独到，注重原味，制作精细。

文化色彩浓郁是浙江美食一大特色。浙菜主要由杭州、宁波、温州、金华四个流派组成。杭州菜重视原料的鲜、活、嫩，原料以鱼、虾、禽、畜、时令蔬菜为主，杭州菜讲究刀工，口味清鲜，突出本味。其制作精细，造型变化多样，并喜欢以风景名胜来命名菜肴。宁波菜咸鲜合一，以烹制海鲜见长，菜品讲究鲜嫩软滑，烹饪技艺以蒸、烧、炖、腌见长，注重大汤大水，保持原汁原味。温州菜以海鲜入馔为主，其口味清鲜，淡而不薄，烹饪技艺讲究“二轻一重”，即轻油、轻芡、重刀工。金华菜烹饪技艺以烧、蒸、炖、煨、炸为主，金华火腿为入菜主料，金华菜讲究保持金华火腿独特的色、香、味。

浙菜名菜有龙井虾仁、西湖莼菜、虾爆鳝背、西湖醋鱼、冰糖甲鱼、雪菜大黄鱼、荷叶粉蒸肉、嘉兴肉粽、宁波汤圆、绍兴臭豆腐、舟山虾爆鳝面等。

7. **湘菜**

湘菜即湖南菜系，是民间第三大菜系。湖南菜系各地风味统一，主要流行于湖南地区。湘菜包括湘江流域、洞庭湖区和湘西山区三个地区的菜品。

湘江流域以长沙、衡阳、湘潭为中心，湘江流域的菜品是湘菜的主要代表。其特色是油重色浓，注重鲜香、酸辣、软嫩，尤以煨菜和腊菜著称。洞庭湖区的菜品以烹制河鲜和家禽家畜见长，特点是量大油厚，咸辣香软，以炖菜、烧菜、蒸菜出名。湘西山区的菜品擅长制作山珍野味、烟熏腊肉和各种腌肉，口味侧重咸香酸辣，有浓厚的山乡风味。

湖南菜系的特色：一是辣，二是腊。著名菜肴有剁椒鱼头、腊味合蒸、干锅牛肚、平江火焙鱼、吉首酸肉、湘西外婆菜等。长沙小吃是中国四大小吃之一，主要品种有糯米粽子、麻仁奶糖、浏阳茴饼、湘宾春卷、姊妹团子、火宫殿臭豆腐等。

8. **徽菜**

徽菜即安徽菜系。徽菜主要流行于安徽和浙江西部。徽菜发源于南宋，兴盛于明清，民国时期继续发展，中华人民共和国成立后进一步发扬光大。徽菜具有浓郁的地方特色和深厚的文化底蕴，是中华饮食文化宝库中一颗璀璨的明珠。其主要特点是：擅长烧炖，很少爆炒，并习惯以火腿佐味，冰糖提鲜，善于保持食物的原汁原味。徽菜古朴典雅、香气四溢、诱人食欲，代表菜有火腿炖甲鱼、黄山炖鸽、臭鳜鱼、徽州毛豆腐等。

知识拓展

科学设计健康的现代筵席菜单

随着社会的快速发展，健康而科学的饮食原则已被越来越多的人所认同。因此，现代筵席菜单设计在汲取古代筵席菜单精华的基础上，应注重以下几点。

（1）素食应用。食用素食被越来越多的人接受。以素食为原料仿真制作的鸡、鸭、鱼、肉等荤食足以以假乱真。如仿真“猪肉”，可用白萝卜加面粉、米粉、豆粉、食油依法制成，也可用茄子等原料制成。豆筋可制成“肉丝”，面筋又可制成“肉片”，藕粉、鸡蛋、豆腐皮可制成“火腿”等。豆类含丰富的优质蛋白质、不饱和脂肪酸、钙及维生素 B_1、维生素 B_2、烟酸等成分；绿叶蔬菜与水果含有丰富的维生素、矿物质和膳食纤维。经常食用，有利于体内酸碱平衡，增强身体新陈代谢，保持心血管健康。

（2）营养均衡。传统筵席菜单都是以菜肴的规格和搭配为宗旨，从口味的角度考虑得比较多，而从营养的角度则考虑得比较少。因此，设计现代筵席菜单要注重营养的合理搭配。总的来说，就是少配单一原料的菜肴，多配有辅料的菜肴，通过辅料来弥补主料营养单一的欠缺；注重荤素结合，以蔬菜为主料的菜肴应占有一定的比例，健康的现代筵席不应是鸡鸭鱼肉的累加与堆砌。

古人为后世子孙留下了许多经典的筵席菜单，这是历代名菜之精华。人们应该以现代健康观合理看待这些古老的营养配膳方法，对其进行多方面、多层次的挖掘与研究，并在充分继承和发扬传统筵席文化优秀成分的基础上不断创新，使中国筵席文化的精髓得到发扬光大。

二、满汉全席

满汉全席，清代的宫廷盛宴。满汉全席既有宫廷菜点之特色，又有地方风味之精华；其突出满族与汉族菜点的特殊风味，烧烤、火锅几乎成为其不可缺少的菜点，同时满汉全席又展示了汉族烹饪技艺的特色，扒、炸、炒、熘、烧等烹饪技艺兼备，实乃中华菜系的瑰宝和最高境界。满汉全席上菜一般至少108道（南菜54道和北菜54道），分三天吃完。满汉全席菜点有咸有甜，有荤有素，取材广泛，用料精细，山珍海味无所不包。

满汉全席菜点精美，礼仪讲究，形成了引人注目的独特风格。通常在入席前，先上两对香、茶水和手碟；台面上有四鲜果、四干果、四看果和四蜜饯；入席后先上冷盘，然后炒菜、大菜、甜菜依次上桌。满汉全席汇集满汉众多名馔，择取时鲜海味，搜寻山珍异兽。满汉全席用全套粉彩万寿餐具，配以银器，彰显富贵华丽。满汉全席用餐环境古雅庄重，席间请名师奏古乐伴宴，全席食毕，可使食用者领略中华烹饪技艺之博精，饮食文化之渊源。

说一说

关于饮食文化同学们还知道哪些？请大家进行交流。

做一做

中华饮食文化源远流长，请同学们说一说自己家乡有哪些特色美食或小吃，这些美食或小吃背后有哪些传说或典故？最后请同学们试着为家人做一道自己拿手的美食。

任务四　筷子文化

知识梳理

莫言筷箸小，日日伴君餐，千年甘苦史，尽在双筷间。中国人用筷子的历史，已有 3000 多年。古人称筷子为“箸”，这个专称自商代一直沿用至宋代末期，到了明代才逐渐称“箸”为筷子。

想一想

中华祖先发明筷子，确实是对人类文明发展的一大贡献。筷子是人类手指功能的延伸，使用筷子要依据一定的力学原理。想一想，看似简简单单的一双筷子为何有着极为丰富的文化内涵？

一、筷子的起源与种类

（一）筷子的起源

据史料记载，最早的筷子出现在距今 3000 多年前的新石器时代晚期。经过岁月的磨炼和时间的洗礼，筷子不但没有被历史所淘汰，反而越发地散发出历久弥新的气息，并慢慢以一种实用与文化相结合的形式而存在。中国是筷子的发源地，华夏儿女以筷子作为进餐工具已有 3000 多年历史，中国是世界上以筷子作为进食工具的母国。

西方有学者赞扬筷箸是古老东方文明的代表，是华夏民族智慧的结晶。筷子乍看起来只是非常简单的两根小细棒，但它却有挑、拨、夹、拌、扒等功能，且使用方便，价廉物美。筷子作为当今世界上一种独特的餐具，凡是使用过筷子的人，无论是华人或是外国人，无不钦佩筷子的发明者。

作为中国主流用餐工具的筷子，是当今世界上公认的独特餐具。在日常生活中，对筷子的运用是非常有讲究的。一般人们在使用筷子时，正确的使用方法是用右手执筷，右手大拇指和食指捏住筷子的中上端，另外三根手指自然弯曲扶住筷子，并且筷子的两端一定要对齐。筷子的使用也有一定的讲究，通常是用餐前将筷子整齐地摆放在饭碗的右侧，用餐后则要将筷子整齐地竖向摆放在饭碗的正中间。

（二）筷子的种类

筷子古称箸，古籍《韩非子・喻老第二十一》载“昔者纣为象箸而箕子怖”，也就是说，中国从商代起就有比较精致的筷子出现。历史上的筷子既有平民使用的木筷、竹筷，也有历代皇帝使用的金筷、银筷，还有在佛门圣地制出的佛筷，更有一种很特别的、相传是济公和尚用过的两三斤重的铁筷。如今筷子文化更是淋漓尽致地表现出来，许多旅游景点都把筷子作为一种工艺品进行销售，其品种多样，有镶金、镶银、镶玉的，也有雕龙、雕凤、雕十二生肖头饰的。总体而言，中国筷子的种类可以分为竹木筷、金属筷、牙骨筷、玉石筷、化学筷等。

（1）竹木筷。原始的筷子是竹木质的，因此人们多使用竹木筷。中国古代竹木筷的品种可谓千姿百态，其中最为高档的是一种灰褐色条纹的棕竹筷，但如今已绝迹于市场。

（2）金属筷。古代人在长期的实践中认识到，因铜筷不宜作吃饭用具，而银筷则有杀菌作用，故后来银筷逐渐取代铜筷。价格昂贵的金筷是王公贵族奢侈的象征。总之，制作精美的金筷、银筷至今仍受欢迎，但人们已把它们当工艺品看待。

（3）牙骨筷。中华筷子中还有取材于牛、驼、鹿等兽骨制作的筷子。有些心灵手巧的工匠还用精雕细刻的手艺将牙骨筷巧妙地镶接，使之成为珠联璧合的艺术品。

（4）玉石筷。玉石筷作为筷子家族中的又一珍品，有汉白玉筷、羊脂玉筷、翡翠筷等，故宫珍宝馆就陈列着诸多古代皇帝及慈禧太后用过的翡翠及翡翠镶金的玉筷等。

（5）化学筷。化学筷是近代科学发展的产物，像密胺的、塑料的……20 世纪

30 年代上海就有赛璐珞筷子，近年又生产出一种乳白色的“象牙筷”，虽说与象牙相似，但仅仅是“像”而已。这是一种塑料密胺筷，因价廉物美广受欢迎。

二、筷子的美好寓意

筷子是中华文化的标签之一，筷子在中华民俗中常扮演重要的角色。有的地方新娘出嫁，嫁妆里一定要有两套为新婚夫妇准备的碗筷，并用红绳绑在一起，称为“子孙碗”，这不仅表示新夫妇从此要共同生活，而且“筷”与“快”谐音，还有预祝“快生贵子”之意。

在中国北方部分农村地区至今还有这样的风俗，每当新婚之夜闹洞房时，亲友们从窗口向新房里扔筷子，以示吉祥如意，早生贵子。筷子是中国最为普通的餐具，筷子还象征着人口，增添一双筷子就意味着添人口。至今，民间家庭节日聚餐，仍视多摆筷子为吉兆。至于筷子象征财富，显然是筷子与五谷、美味佳肴有关联的缘故。

三、筷子的使用礼节与禁忌

筷子的出现丰富了中华饮食文化。千百年来，人们围绕着筷子演绎出一套富有民族特色的文明礼仪。如主人摆好筵席，必须等参加者全部入席方能动筷。而第一个举筷说“请”者多为东道主，应主人之请动筷搛菜的第一人，通常是该席德高望重的长者或最为尊贵的客人，这体现了敬老尊贤、谦恭有礼的文明之风。此外，筷子不怕高热，不怕寒冻，这与我们中华民族吃苦耐劳、不畏艰辛的、质朴勇敢的性格是一致的。筷子都是成双成对的，一双筷子中少了任何一根都无法再作为筷子使用，这体现出中华民族以集体主义为核心的思想和讲究团结的精神。

中国人在日常生活中对筷子的使用是非常讲究的。通常用餐时要尽量避免以下 9 种筷子的使用方法。

（1）“仙人指路”。这是指用大拇指和中指、无名指、小指捏住筷子，而食指伸出。在吃饭时食指伸出，总在不停地指别人，传统习俗认为，一般伸出食指去指对方时，大都带有指责的意思，因此这种使用筷子的做法不可取。

（2）品箸留声。这是指把筷子的一端含在嘴里去嘬，并不时地发出声响。在吃饭时用嘴嘬筷子是一种无礼的行为，再配以声音，更是令人生厌。

（3）“执箸巡城”。这是指用筷子来回在桌子上的菜盘里寻找，不知从哪里下筷为好。此种行为是典型的缺乏修养的表现，极其令人反感。

（4）“泪箸遗珠”。实际上这是用筷子往自己盘子里夹菜时，将菜汤流落到其他菜里或桌子上。这种做法被视为严重失礼，同样是不可取的。

（5）“颠倒乾坤”。这就是说用餐时将筷子颠倒使用，正所谓饥不择食，以至于都不顾脸面了，将筷子颠倒使用，也是不可以的。

（6）“定海神针”。在用餐时用一只筷子去插盘子里的菜品，这被认为是对同桌用餐者的一种羞辱。

（7）“当众上香”。往往是出于好心帮别人盛饭时，为了方便省事把一副筷子插在饭中递给对方，此做法会被视为大不敬。因为民间传统认为，为故去的人上香时才这样做。

（8）交叉十字。在用餐时将筷子随便交叉放在桌上，传统习俗认为，在饭桌上打叉子，是对同桌其他人的全部否定，当然不被他人接受。

（9）“落地惊神”。是指失手将筷子掉落在地上，传统习俗认为，筷子落地就等于惊动了地下的祖先，这是大不孝。

知识拓展

使用筷子的科学

许多家庭买回一把筷子使用，会用到筷子越来越少，甚至到筷子变得破旧不堪，才会想起再去买一把新的筷子回来。而市场上的筷子又是五花八门，有纯竹的、木的、彩漆的、银质的……该挑哪种好呢？

首先，涂彩漆的筷子尽量不要使用，因为涂料中的重金属以及有机溶剂等物质具有致癌性，而且，随着使用中的磨损，筷子上的涂料一旦脱落，即有可能随食物进入身体，会严重危害健康。尤其有些家庭喜欢给孩子使用颜色亮丽的彩漆筷子，孩子对有害物质的承受力很低，一定要避免使用。

其次，塑料筷子质感较脆，受热后容易变形、熔化，产生对人体有害的物质；银质、不锈钢等金属筷子太重，手感不好，而且导热性强，进食过热的食物时，容易烫伤嘴。

最后，建议大家选用天然材质的筷子，竹筷是首选，它无毒无害，而且非常环保。还可以选择本色的木筷。但是，由于材质的原因，竹筷、木筷不容易清洗，容易被病原微生物污染，所以应注意经常消毒，保持清洁。

除了筷子材质的选择，在日常生活中，筷子的正确使用和保养也非常重要。首先，一家人尽量不要混用筷子，因为混用的话，容易造成一些疾病的交叉传染。研究表明，近一半人的体内存在有导致胃病的幽门螺杆菌，而这些细菌大多是通过家庭传播的，筷子就是重要的传播介质之一。因此，家里的筷子最好做到专人专用。其次，清洗筷子要彻底。许多中国家庭洗筷子都很“豪爽”，整把的筷子放在水龙头下搓，之后往筷子筒里一插就算洗好了。殊不知，这样洗，筷子上很容易滋生细菌，并随食物进入人体，危害人体健康。正确的洗法应该是：用清水仔细搓洗筷子，沥干水后，再放进筷子筒。而且，筷子筒应该选择镂空、底部不积水的，并做到经常清洗、消毒。最后，筷子要勤更换。在不少家庭中，一双筷子使用两三年是常有的事。筷子一旦用久了，表面就不再光滑，而且经常搓洗也容易使筷子变粗糙，其表面会出现许多细小的凹槽，非常容易残留细菌。因此，筷子最好每半年就更换一次。

（来源于中国经济网，有改动）

项目总结

中国是一个历史悠久、地大物博、人口众多、民族众多的国家。历史上，不同的地区形成了自己独特的烹饪技艺、传统食物、食俗和饮食风格，形成了中华饮食文化的区域性。而筷子又是中国人独创的进食工具，它在世界各国进食工具中独具风采，可谓中国的国粹。筷子既轻巧又灵活，在世界各国的进食工具中独树一帜。本项目主要介绍了中华饮食文化，包括筵席文化和筷子文化，其涉及中国八大菜系、满汉全席、筷子的起源及美好寓意等方面，旨在增强学生的文化底蕴，形成正确的态度对待中华饮食文化。

知识检测

1. 从下列菜系中找出八大菜系。

鲁菜、豫菜、苏菜、沪菜、徽菜、京菜、清真菜、浙菜、冀菜、闽菜、滇菜、川菜、湘菜、粤菜。

2. 满汉全席上菜一般至少（　　）道，南菜（　　）道和北菜（　　）道，分（ ）天吃完。

活动思维

中国幅员辽阔，在饮食烹调和菜肴品类方面有着不同的地方风味。分小组交流分析，说一说八大菜系的形成背景都受哪些因素的影响？

综合运用

筷子文化源远流长，中国人历来有讨口彩的习俗，筷子就有快生贵子、快快乐乐等美好寓意。十双筷子在一起又有十全十美的意思。但是，中国人在用餐的时候使用筷子又有许多讲究，比如：不能将筷子竖插在碗或盆上等。但是有同学认为，这些说法是一种迷信，你如何认为，说出理由。

【参考文献】

［1］陈光新．中国烹饪史话［M］．武汉：湖北科学技术出版社，1990.

［2］王振华．家庭健康食谱［M］．北京：中国言实出版社，2005.

［3］邓开荣，陈俞．家庭筵席［M］．重庆：重庆出版社，1988.

扫码得答案

项目四
中华茶文化

知识目标

使学生了解几种生活中常见的茶叶，了解一些中华茶文化。

能力目标

使学生具备识别各种茶叶的能力，并能判定品级；帮助学生学会识别茶具质量，懂得茶具配置；使学生掌握泡茶的基本程序；使学生掌握绿茶、乌龙茶、黄茶、红茶的冲泡方法。

情感态度目标

培养学生热爱中华茶文化的情感和追求饮茶之人“廉、美、和、静”的价值观和人生态度。

任务一　中国茶的起源与发展史

知识梳理

中国是茶的原产地。中国人对茶的熟悉，上至帝王将相、文人墨客、诸子百家，下至挑夫贩夫、平民百姓，无不以茶为好。人们常说："开门七件事，柴米油盐酱醋茶。"由此可见，茶已深入人们的生活。通过本任务了解中国茶史，为进一步学习中华茶文化奠定基础。

想一想

中国是茶的故乡，是世界上最早发现、栽培、利用茶叶的国家，据历史资料考证，茶树起源于中国。经过漫长的发展及传播，现在茶树已经在全世界50多个国家和地区扎下了根，茶叶已经成为风靡世界的三大无酒精饮料之一，那同学们对茶的历史了解多少呢?

一、中国茶的起源

关于中国茶的起源，到目前为止是众说纷纭，争议未定。大致说来，有神农说、商周说、西汉说、三国说。

（一）神农说

在中华文化发展史上，往往是把一切与农业、与植物相关事物的起源最终归结于神农氏，唐代陆羽在《茶经》中提到"茶之为饮，发乎神农氏"。而茶起源于神农的说法也因民间传说而衍生出不同的观点。有人认为茶是神农在野外以釜锅煮水时，刚好有几片叶子飘进锅中，煮好的水，其色微黄，喝入口中生津止渴、提神醒脑，以神农过去尝百草的经验，判断它是一种药而发现的，这是有关茶起源最普遍的说法。另有说法则是从语音上加以附会，说是神农有个水晶肚子，由外观可得见食物在胃肠中蠕动的情形，当神农尝茶时，发现茶在肚内到处流动，神农查来查去，最后把肠胃洗涤得干干净净，因此神农称这种植物为“查”，再转成“茶”字，而成为茶的起源。

（二）商周说

据东晋常璩所撰《华阳国志·巴志》载：“土植五谷，牲具六畜……茶、蜜、灵龟、巨犀、山鸡、白雉、黄润、鲜粉，皆纳贡之。其果实之珍者：树有荔支，蔓有辛蒟，园有芳蒻、香茗……”常璩明确指出，进贡的“芳蒻、香茗”不是采之野生，而是种之园林。芳蒻是一种香草，香茗指茶。此说法表明：生活在陕西南部的古代巴人才是中国最早用茶、种茶的民族，已有3000余年用茶、种茶的历史。

（三）西汉说

西汉王褒[①]的《僮约》中有“烹荼尽具”“武阳买荼”的说法。后经考证，“荼”即为今“茶”，而武阳即今四川眉山市彭山区一带，说明四川在西汉宣帝神爵三年（公元前59年），已出现饮茶的活动。

（四）三国说

《三国志·吴书·王楼贺韦华传》有“或密赐茶荈以当酒”的记载，这种能当酒的饮料当为茶饮料，这足以证明吴国宫廷已经饮茶。据此，《南窗纪谈》认为中国饮茶始于三国，《集古录》则认为始于魏晋。

三国时代东吴饮茶是确凿无疑的，然而东吴之茶当传自巴蜀，巴蜀的饮茶要早于东吴，因此，茶的起源一定早于三国时代。

二、中国茶的发展史

从远古到南北朝时期，相传由神农尝百草而发现茶。到战国以后，在古代文献中即有“茶”的记载。

---

① 王褒（公元前90年—公元前51年），字子渊，别号桐柏真人，蜀郡资中（今四川省资阳市雁江区昆仑乡墨池坝村）人。西汉时期辞赋家。

根据东晋常璩所撰《华阳国志·巴志》的记载可知，在中国商末周初时期，古之巴蜀地区即已种茶产茶。《尔雅·释草第十三》中记载："荼，苦菜。"

东汉华佗在《食论》中指出，"苦茶久食，益意思"，说明饮茶具有开发智力的功效。

隋唐时期国家的统一，经济的发展，南北大运河的开通，便利了茶叶的运输和茶文化的交流。上古无茶字，以"荼"字代"茶"字。自唐代，将"荼"字减去一笔，写成"茶"字，自此便有了专用的茶字。

唐代开元年间，倡导饮茶，饮茶的风俗开始由南方向北方发展。唐代，陆羽的《茶经》问世，成为中国也是世界第一部茶叶专著。《茶经》分述茶的起源、烹饮，茶具和茶史，极大地推动了中国茶业和茶文化的发展。

宋元时期随着茶区的扩大，种茶、制茶、点茶的技艺精进，出现一批茶学专著，如蔡襄的《茶录》、宋子安的《东溪试茶录》、黄儒的《品茶要录》，特别是宋徽宗赵佶所著的《大观茶论》等，从一个侧面反映了宋代以来中国茶业的发达程度和制茶技术的发展状况。

宋代吴自牧《梦粱录》卷十六载："盖人家每日不可阙者，柴米油盐酱醋茶。"自宋代始，茶就成为开门"七件事"之一。南宋都城临安（今杭州市）茶肆林立，不仅有人情茶肆、花茶坊、夜市，还设有浮铺以便游观之人享用。

明代，中国茶叶生产由团饼茶为主转为以散茶为主。茶类有了很大发展，在绿茶的基础上，黄茶、乌龙茶、红茶、黑茶、白茶及花茶等茶类相继生产出来。

清代，茶叶成为中国主要的出口商品。康熙二十三年（1684 年），清朝开放海禁，中国饮茶文化和茶叶传往西方。民国初期设立了初级茶叶专科学校，设置茶叶专修科和茶叶系，推广新法种茶、机器制茶，建立茶叶商品检验制度，制定了茶叶质量检验标准。

中华人民共和国成立后，政府十分重视茶业发展。1949 年 11 月 23 日，专门负责茶业事务的中国茶叶公司成立。自此，茶叶在生产、加工、贸易、文化等多方面得到了蓬勃发展。

说一说

中国少数民族也好茶，请同学们说一说自己知道的少数民族的饮茶习惯吧！

做一做

中国茶的起源与发展史是怎样的？课后，请同学们用思维导图的形式向大家展示。

任务二　中国茶的种类与十大名茶

知识梳理

中国茶的种类丰富多样，按制作工艺分类，主要分为六大茶类，各个茶类在茶叶品质的色、香、形、味方面各具特色。各种各样的茶类品种，万紫千红，竞相争艳，犹如春天的百花园，使万里山河分外妖娆。中国名茶就是茶叶中的珍品。同时，中国名茶在国际市场上享有很高的声誉。

想一想

茶的种类跟什么有关系？到底是跟茶树本身有关系还是跟制作工艺有关系呢？

一、茶的种类

（一）按制作工艺分类

1. 绿茶

绿茶是不经过发酵的茶，即将鲜茶叶经过摊晾后直接放到烧热的锅里炒制，以保持茶叶绿色的特点。绿茶香高、味醇、形美、耐冲泡，清汤绿叶，滋味收敛性强。绿茶的制作工艺：杀青—揉捻—干燥。名茶有龙井、碧螺春、太平猴魁等。

2. 黄茶

黄茶属于轻度发酵的茶。黄茶的制作工艺与绿茶有相似之处，不同点是多一道闷黄工序。从而形成“黄汤黄叶”的品质特点。

黄茶分为三类：黄芽茶，如君山银针、蒙顶黄芽；黄小茶，如沩山毛尖、雅安黄茶、平阳黄汤；黄大茶，如霍山黄大茶、广东大叶青。

3. **乌龙茶**

乌龙茶又称青茶，属半发酵的茶，即制作时适当发酵，使叶片稍有红变，是介于绿茶与红茶之间的一种茶叶。它既有绿茶的清香，又有红茶的浓鲜。因其叶片中间为绿色，叶缘呈红色，故有“绿叶红镶边”之称。代表茶有铁观音、大红袍、冻顶乌龙茶等。

4. **红茶**

红茶属于全发酵的茶。红茶创制于福建省崇安县（今武夷山市）。红茶制作工艺分为萎凋、揉捻、发酵、干燥等一系列工序。红茶“红汤红叶”的品质特点主要是经过发酵以后形成的。红茶汤色鲜艳亮红、清澈见底，香味芬芳浓纯。名茶有祁门红茶、滇红、正山小种等。

红茶具有极好的兼容性，适合加牛奶、加蜂蜜、加糖、加果汁、加柠檬，甚至加酒，调和成各种饮料。

5. **黑茶**

黑茶属于后发酵的茶。黑茶的特点是“黄汤、褐叶、味醇浓”。制法主要是渥堆变色，即茶叶揉捻后，渥堆使茶叶颜色变为油黑。黑茶原料一般较粗老，加之制造过程中往往堆积发酵时间较长，因而其茶叶颜色油黑或黑褐，故称为黑茶。黑茶曾主要供边疆少数民族饮用，所以又称为边销茶。名茶有湖南黑茶、广西六堡茶等。

6. **白茶**

白茶发酵程度较轻。主要产区是福建省的福鼎、政和、松溪和建阳等地，中国台湾地区也有少量生产。白茶制作工艺分为萎凋、烘焙、拣剔、复火等工序。传统的白茶不揉不炒，形态自然。白茶芽头肥壮，汤色黄绿清澈。冲泡后品尝，滋味清淡回甘。名茶有白毫银针、白牡丹等。

各类茶叶发酵程度如下图所示。

（二）按季节分类

1. **春茶**

春茶是指当年 3 月下旬到 5 月中旬之间采制的茶叶。春季温度适中，雨量充分，再加上茶树经过了半年的休养生息，使得春茶茶芽肥硕，色泽翠绿，叶质柔软，春茶含有丰富的维生素，特别是氨基酸，因此春茶滋味鲜活且香气宜人富有营养。福

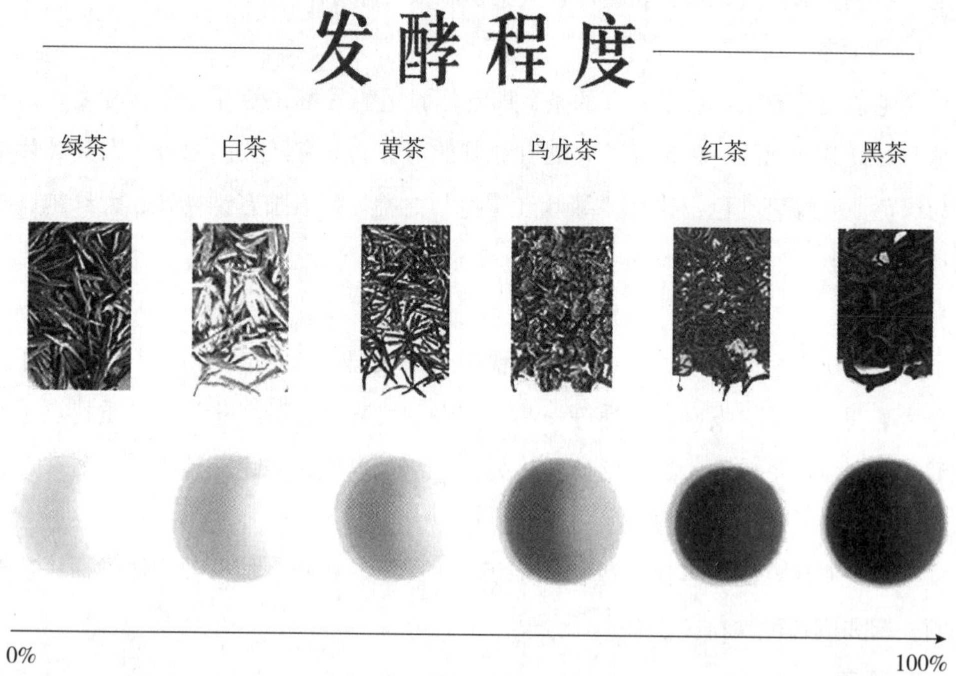

建省泉州市安溪县饮香茶叶专业合作社的铁观音是春茶的代表，其外形、汤色都可谓“一绝”。

2. **夏茶**

夏茶是指当年5月下旬至7月初采制的茶叶。夏季天气炎热，茶树的新梢芽生长迅速，使得茶叶中能溶解于茶汤的水浸出物含量相对减少，特别是氨基酸等成分的减少使得茶汤的滋味、香气都不如春茶强烈，由于带苦涩味的花青素、咖啡因、茶多酚含量比春茶多，因此夏茶滋味较为苦涩。

3. **秋茶**

秋茶是指当年8月中旬以后采制的茶叶。茶树经春夏两季生长、新梢芽所含物质相对减少，茶叶叶片大小不一，叶底发脆，叶色发黄，滋味和香气显得比较平和。

4. **冬茶**

冬茶是指大约在当年10月下旬开始采制的茶叶。冬茶是在秋茶采完后，气候逐渐转冷后开始生长的。因冬茶的新梢芽生长较慢，其所含的溶解于茶汤的水浸出物含量逐渐增加，所以冬茶滋味醇厚，香气浓烈。

（三）按再加工分类

再加工茶是指以基本茶类为原料，采用一定手段进行再次加工而制成的茶叶，主要包括花茶、紧压茶、萃取茶和果味茶等。

1. **花茶**

花茶又称熏花茶、香花茶、香片，它以绿茶、红茶、乌龙茶茶坯和可食用、气芳香的鲜花为原料，用窨制工艺制成。

花茶的加工工艺为：茶坯处理，鲜花处理，鲜花打底，窨花拼合，通花散热，收堆复窨，起花，烘焙摊凉，转窨或提花，压花，匀堆装箱。花茶以其香气芬芳、保健养生、持久耐贮而备受人们喜爱。

2. **紧压茶**

紧压茶的原料和加工工艺随着时间的推移，逐渐起着变化。古代的紧压茶是将茶树鲜叶蒸青、磨碎、压模成型后烘干制成的，如唐代的蒸青茶饼、宋代的龙凤团茶等。而现代的紧压茶却是对将红茶、绿茶、黑茶经粗加工后形成的毛茶进行再加工，蒸压成型后制成的，如云南沱茶、湖南砖茶等。

3. **萃取茶**

用热水萃取成品茶中的水溶物后滤掉茶渣，若直接将剩下的茶汤装入瓶，罐装就可制成液态的“罐装饮料茶”；若将剩下的茶汤浓缩，可制成“浓缩茶”；若将剩下的茶汤浓缩后进行干燥，就可以制成固态“速溶茶”，中国的速溶茶主要有速溶红茶、速溶绿茶、速溶乌龙茶等。

4. **果味茶**

以红茶、绿茶的提取液和果汁为主要原料，然后加入糖和天然香料，经科学方法调制而成，如柠檬茶、鲜橘汁茶、香蕉茶、草莓茶、苹果茶等。这种新型口味的茶饮料性甘凉，酸甜可口，有提神解渴的功效，是一种老少皆宜的饮品。

二、中国十大名茶

中华茶文化博大精深，源远流长。中国茶区分布广泛，茶树品种繁多，制茶工艺不断革新，形成了众多茶类。而中国十大名茶，就是茶叶中的珍品。

1. **西湖龙井**

以“龙井”称茶名始于宋代，到清代才真正扬名。相传，清代乾隆皇帝下江南时，曾四次到龙井茶区品尝龙井茶，品后赞不绝口，并将胡公庙前的十八棵茶树封为“御茶”。从此，龙井茶便身价大涨，名扬天下。龙井按产地分为狮、龙、云、虎、梅五个字号，其中多认为以产于狮峰的西湖龙井品质为最佳。西湖龙井属炒青绿茶，“茶中之美数龙井”，龙井素以色翠、形美、香郁、味醇冠绝天下。

2. 安溪铁观音

铁观音原产于福建省泉州市安溪县。铁观音气味清香，冲泡后有天然的兰花香，茶汤滋味纯浓，香气馥郁持久，有“七泡有余香”之誉。铁观音成品依发酵程度和制作工艺，大致可以分成清香型、浓香型、陈香型三大类型。

3. 黄山毛峰

黄山毛峰产于安徽省黄山（徽州）一带，所以又称徽茶，由清代光绪年间谢裕大茶庄所创制。每年清明谷雨时节，选摘良种茶树“黄山种”“黄山大叶种”等初展的肥壮嫩芽进行手工炒制制成。该茶外形微卷，状似雀舌，绿中泛黄，银毫显露。入杯冲泡雾气结顶，茶汤清碧微黄，叶底黄绿，滋味醇甘，香气如兰，韵味深长。

4. 武夷岩茶

武夷岩茶是中国传统名茶，是具有岩韵（岩骨花香）品质特征的乌龙茶。武夷岩茶产于福建闽北的武夷山一带，茶树生长在岩缝之中。武夷岩茶具有绿茶之清香、红茶之甘醇，是中国乌龙茶中的极品。武夷岩茶的形态特征为叶端扭曲，似蜻蜓头，色泽铁青带褐，较油润，有明显的岩骨花香。

根据《武夷岩茶》国家标准（GB/T 18745—2006），武夷岩茶按产品分为大红袍、名枞、肉桂、水仙、奇种五类。岩茶中以大红袍、白鸡冠、铁罗汉、水金龟等著名，其他品种还有瓜子金、金钥匙、半天腰等。

5. 云南普洱茶

普洱茶主要产于云南省的西双版纳、临沧、普洱等地区，是以云南大叶种晒青茶为原料，经过后发酵加工制成的散茶和紧压茶。品普洱茶，就像品味人生一样，“少年”不成熟时，其味苦涩；随着时间的推移，其性情也变得深沉起来，不仅口感润滑，味也醇香。古往今来，普洱茶以其独有的、奇特的、醇厚的魅力，吸引着四面八方的品饮者。

普洱茶自清初开始进入宫廷，进贡历史一直延续到清末，盛行清宫200余年。乾隆皇帝品普洱，称赞它“圆如三秋皓月，香于九畹之兰”。而且普洱茶还有一定的保健作用，《本草纲目拾遗》记载：“普洱茶……味苦性刻，解油腻牛羊毒……苦涩，逐痰下气，刮肠通泄。”

普洱茶有生茶和熟茶之分，“越陈越香”是普洱茶最大的特点。经冲泡后，普洱茶色泽褐红，汤色红亮明丽，香气高锐持久，香型独特，滋味浓醇，经久耐泡。与其他茶叶“贵新贱陈”不同，普洱茶是越陈越贵，随着时间慢慢升值。

6. **六安瓜片**

六安瓜片产自安徽省六安市大别山一带，唐代称“庐州六安茶”，明代始称“六安瓜片”，因茶叶形似瓜子形而得名，其茶叶自然平展，叶缘微翘，色泽宝绿，大小匀整，不含芽尖，茶汤清香高爽，滋味鲜醇回甘，汤色清澈透亮。

在世界所有茶叶中，六安瓜片是唯一无芽无梗的茶叶，由单片生叶制成。茶叶去芽后不仅保持了单片形体，而且无青草味；梗在制作过程中已木质化，剔除后，可确保茶汤味浓而不苦，香而不涩。六安瓜片在每年谷雨前后十天之内采摘，采摘时只取二、三叶，求“壮”不求“嫩”。

7. **信阳毛尖**

信阳毛尖又称豫毛峰，是中国十大名茶之一，河南省著名特产之一。其条索紧秀圆直有白毫得名“毛尖”，又因产地在信阳故名“信阳毛尖”。“信阳毛尖”素来以“细、圆、紧、直、多白毫、香高、味浓、色绿”的独特风格而享誉中外。1915年，信阳毛尖在巴拿马万国博览会上与贵州茅台同获金质奖。信阳毛尖被誉为“绿茶之王”，是优质的绿茶之一。

信阳毛尖的色、香、味、形均有独特个性，其颜色鲜润、干净、不含杂质，香气高雅、清新，从外形上看则匀整、鲜绿有光泽、白毫明显，冲泡后香气持久，滋味浓醇，回甘生津，汤色明亮清澈。

8. **君山银针**

早在2000多年前，湖南就已经是华夏大地有名的产茶之地了。湖南产茶历史悠久，好茶云集，其中最有名的当属君山银针。君山银针属于黄茶，其成品茶芽头茁壮、长短大小均匀，茶芽内面呈金黄色，外层白毫显露完整，而且包裹坚实，茶芽外形很像一根根银针，雅称“金镶玉”。有诗赞曰：“金镶玉色尘心去，川迥洞庭好月来。”

君山银针始创于唐代，清代时被列为“贡茶”。君山银针味醇甘爽，芽壮多毫，白毫如羽，芽身金黄发亮，叶底肥厚匀亮，久置不变其味。冲泡后，芽身竖悬于汤中冲升至水面后徐徐下沉，再升再沉，形如群笋出土，又像银刀直立，三起三落，蔚成趣观。

9. 洞庭碧螺春

碧螺春产于江苏省苏州市太湖东南部的洞庭山一带，所以又称“洞庭碧螺春”。此茶还有个别名——“吓煞人香”，相传有一尼姑上山游春，顺手摘了几片茶叶，泡茶后奇香扑鼻，脱口而道“香得吓煞人”，由此当地人便将此茶称为“吓煞人香”。

碧螺春早在唐代时已成贡品，它的产区是中国著名的茶、果间作（间隔种植）区，茶树、果树枝丫相连，根脉相通，茶吸果香，花窨茶味，陶冶着洞庭碧螺春花香果味的天然品质。碧螺春炒成后的干茶条索紧结，白毫显露，色泽银绿，翠碧诱人，卷曲成螺；当碧螺春投入杯中，茶即沉底，瞬时间“白云翻滚，雪花飞舞”，观其形，犹如雪浪喷珠，春染杯底，绿满晶宫；饮其味，头酌色淡、幽香、鲜雅；二酌翠绿、芬芳、味醇；三酌碧清、香郁、回甘，真是其贵如珍，宛如高级工艺品，不可多得。人们赞道：“铜丝条，螺旋形，浑身毛，花香果味，鲜爽生津”。

10. 都匀毛尖

都匀毛尖主要产于贵州省都匀市，又名“白毛尖”“细毛尖”“鱼钩茶”“雀舌茶”。都匀地区山谷起伏，林木苍郁，云雾笼罩，冬无严寒，夏无酷暑，四季宜人。加之该地区土层深厚，土壤疏松湿润，土质是酸性或微酸性，内含大量的铁质和磷酸盐，这些特殊的自然条件不仅适宜茶树的生长，而且也形成了都匀毛尖的独特风格，其为贵州名优绿茶。

“在中国的绿茶领域，贵州绿茶是上品，而在贵州绿茶中，都匀毛尖是极品，是奢侈品。”这是业内人士给都匀毛尖的定位和评价，也是对都匀毛尖品质的最高褒奖。都匀毛尖具有外形匀整、白毫显露、条索卷曲，滋味鲜浓、回味甘甜的品质和特点。

说一说

除中国十大名茶外，同学们还知道哪些茶的种类呢？请尽量多列举。

做一做

在中国十大名茶中任选一种，观察它的形状色泽，闻它的味道，品尝它的茶汤，再结合资料，为这种茶写一份“自我介绍”。

任务三　茶具与泡茶

知识梳理

“美食不如美器”，从粗放式羹饮发展到细啜慢品式饮用，不同的品饮方式，自然产生了不同的茶具，茶具是中华茶文化发展史中最重要的载体，学习泡茶之前，首先要认识一下基本茶具及其用途。在此基础上，掌握六大茶类的基本冲泡方法。

想一想

中国六大茶类的泡茶茶具如何选择呢?

一、工夫茶茶具

工夫茶茶具是最讲究的一种泡茶茶具，之所以叫工夫茶，是因为这种泡茶的方式极为讲究。操作起来需要一定的工夫，此工夫，乃为沏泡的学问，品饮的工夫。工夫茶茶具流传至今已有几百年的历史，最早的工夫茶茶具流行于广东等地，后来慢慢传播到各个地区。

（一）茶壶

茶壶是一种泡茶和斟茶用的带嘴的器皿。它是茶具的一种，主要用来泡茶。茶壶由壶盖、壶身、壶底、圈足四部分组成，壶盖有孔、钮、座、盖等细部。壶身有口、延（唇墙）、嘴、流、腹、肩、把（柄、扳）等部分。由于壶的把、盖、底、形状的细微差别，茶壶的基本形态就有 200 多种。泡茶时，茶壶大小依饮茶人数多少而定。茶壶的质地很多，使用较多的是紫砂陶壶或瓷器茶壶。相关经典名句：“一器成名只为茗，悦来客满是茶香。”

（二）盖碗

盖碗或称盖杯，分为茶碗、碗盖、托碟三部分，置茶约 3 克于茶碗内，冲水，盖碗盖 5 ~6 分钟后饮用。以此法泡茶，通常喝上一泡已足，至多再加冲一次。

（三）茶海

茶海又称茶盅或公道杯。茶壶内之茶汤浸泡至适当浓度后，茶汤倒至茶海，再分倒于各小茶杯内，以求茶汤浓度之均匀。亦可于茶海上覆一滤网，以滤去茶渣、茶末。没有专用的茶海时，也可以用茶壶充当。其大致功用为：盛放泡好的茶汤，再分倒各杯，使各杯茶汤浓度相若。

（四）茶杯

茶杯的种类、大小应有尽有，喝不同的茶用不同的茶杯。如今更流行使用边喝茶边闻茶香的闻香杯。根据茶壶的形状、色泽，选择适当的茶杯，搭配起来也颇具美感。为便于欣赏茶汤颜色及容易清洗茶杯，茶杯内面最好上釉，而且是白色或浅色。对茶杯的要求，最好能做到“握拿”舒服，“就口”舒适，“入口”顺畅。

（五）茶道配件

茶筒、茶匙、茶漏、茶则、茶夹、茶针（茶通）这六种配件，被称为“茶道六君子”。

（1）茶筒：盛放茶艺用品的茶器筒。

（2）茶匙：又称茶扒，因形状像汤匙所以称茶匙，其主要用途是挖取泡过茶的茶壶内的茶叶，茶叶冲泡过后，往往会紧紧塞满茶壶，一般茶壶的口都不大，用手既不方便也不卫生，故皆使用茶匙。

（3）茶漏：茶漏于置茶时放在茶壶壶口处，以导茶叶入茶壶，防止茶叶掉落茶壶外。

（4）茶则：又称茶勺，为盛茶入茶壶之用具，一般为竹制。

（5）茶夹：又称茶筷，茶夹功用与茶匙相同，可将茶渣从茶壶中挟出，也常有人拿它来挟着茶杯洗杯，防烫又卫生。

（6）茶针（茶通）：茶针的功用是疏通茶壶的内网（蜂巢），以保持水流畅通或当茶壶嘴被茶叶堵住时用来疏浚或放入茶叶后把茶叶拨匀，使碎茶在底，整茶在上。

（六）茶盘

用以盛放茶杯或其他茶具的盘子，以盛接泡茶过程中流出或倒掉的茶水。茶盘也可以用作摆放茶杯的盘子，茶盘有塑料制品、不锈钢制品，形状有圆形、长方形等多种。

（七）煮水器

泡茶的煮水器在古代用风炉，现代较常见的为酒精灯及电水壶，此外还有电开水机、自动电炉等。

（八）茶巾

茶巾又称为茶布，茶巾的主要功用是干壶，于酌茶之前将茶壶或茶海底部残留的杂水擦干，亦可擦拭滴落桌面的茶水。

（九）茶叶罐

储存茶叶的罐子，必须无杂味、密封且不透光，其材料有马口铁、不锈钢、锡合金及陶瓷。

（十）茶荷

茶荷的功用与茶则、茶漏类似，皆为置茶的用具，但茶荷更兼具赏茶功能。茶荷的主要用途是将茶叶由茶叶罐移至茶壶。茶荷主要为竹制品，既实用又可当艺术品，一举两得。没有茶荷时可用质地较硬的厚纸板折成茶荷形状使用。

二、六大茶类的基本冲泡方法

中国茶类划分有多种方法，根据制作工艺，将茶叶分为绿茶、红茶、乌龙茶、白茶、黄茶、黑茶六大类，六大茶类冲泡方法均有讲究。

1. 绿茶

比较常见的绿茶有碧螺春、龙井、蒙顶甘露等。这类茶比较细嫩，不适合用滚烫的沸水冲泡，水温以 80 ~ 85℃为宜，茶叶与水的比例以 1∶50 为佳，冲泡时间为

2～3分钟，泡出来的茶汤色泽青翠碧绿而透明，最好现泡现饮。

冲泡温度过高或时间过久，茶叶中的多酚类物质容易被破坏，茶汤不但会变黄，而且其中的芳香物质也会挥发散失。用瓷杯冲泡时先用瓷杯容积四分之一的水把茶叶润一润，过20秒或半分钟后再冲水饮用，一般不盖杯盖，否则茶汤会发黄。用玻璃杯泡茶，可以观看茶叶在水中的沉与浮，又是一种别样的情趣。

2. **乌龙茶**

乌龙茶是中国六大茶类之一，它具有红茶之浓鲜、绿茶之清香，深受茶友喜爱。品饮乌龙茶不仅可以生津止渴，而且是一种艺术享受。乌龙茶泡饮技艺有三个要素，即泡茶用水、泡茶器具和泡茶技艺，并掌握“水以石泉为佳，炉以炭火为妙，茶具以小为上”的原则。乌龙茶是半发酵茶，如铁观音、大红袍等。泡乌龙茶最好用紫砂壶或盖碗杯，并且一定要用水温约95℃的水，乌龙茶的投叶量比较大，茶叶基本是所用茶壶或盖碗的一半或更多，泡后加盖。

泡乌龙茶时，第一泡要倒掉，用倒掉的水可以把所有的茶杯润一下，然后再倒水冲泡饮用。乌龙茶可冲泡多次，品质好的可冲泡7～8次，每次冲泡的时间由短到长，以2～5分钟为宜。

3. **黄茶**

黄茶属于轻度发酵茶，蒙顶黄芽、君山银针、沩山毛尖等都属于黄茶。其茶叶质地细嫩，水温太高会把茶叶烫熟，所以水温以85～90℃为宜。冲泡黄茶，按照茶具容积放入四分之一黄茶茶叶，也可以依据自己的口味斟酌增减。

第一泡的最佳冲泡时间为30秒，第二泡延伸到60秒，第三泡再延伸至大概2分钟，这样泡出来的茶汤口感更佳。用玻璃杯或瓷杯，尤以玻璃杯冲泡君山银针为最佳，可欣赏茶叶似群笋出土，缓缓升降，堆绿叠翠，有“三起三落”的妙趣奇观。

4. **红茶**

红茶是全发酵茶，其代表名茶是祁门红茶。常见的红茶有高档工夫红条茶和红碎茶。与绿茶不同的是，高水温浸泡能够促使红茶中的有益成分溶出。因而泡红茶最好用刚煮沸的水，用水量与冲泡绿茶的用水量相当，冲泡时间以3～5分钟为佳，高档工夫红条茶可冲泡3～4次，红碎茶则可冲泡1～2次。

冲泡红茶最好用盖碗或紫砂壶，用盖碗，能冲泡出纯正的口感，还方便闻香。但盖碗的保温性没有紫砂壶好。用紫砂壶泡茶会让人感到更有情趣。

5. **黑茶**

黑茶是后发酵茶，其在储存中仍然可以随着时间的推移进行自然的陈化，在一定时间内，还有越陈越香的特点。黑茶不仅功效突出，而且饮用黑茶不影响睡眠，特别适合晚上饮用。宁可三日无粮，不可一日无茶，说的就是黑茶，由此可见黑茶是一种集收藏、文化、健康于一体的非常特别的茶。

以安化黑茶为代表的黑茶，冲泡时要用沸水。第一次冲泡黑茶，要用10 ~20 秒快速洗茶，即先把茶叶放入杯中，倒入开水，过一会儿把水倒掉，再倒入开水，盖上杯盖。这样不仅滤去了茶叶中的杂质，而且使泡出的茶汤更香醇。后续冲泡时间常为2 ~3 分钟。黑茶一般用专业的茶具来泡，紫砂壶、盖碗、茶杯都可以。

6. **白茶**

白茶因茶树品种、原料（鲜叶）采摘的标准不同，可分为白毫银针、白牡丹、泉城红、泉城绿、贡眉、寿眉等。冲泡白茶要选用翠绿中略带金黄，外形细秀、匀整的茶叶。冲泡白茶选用上好的水是最重要的，由于白茶较细嫩、叶片较薄，所以冲泡时水温不宜太高，一般掌握在85 ~90℃为宜。

冲泡白茶宜选用透明玻璃杯或透明玻璃盖碗。通过玻璃杯冲泡白茶可以尽情地欣赏白茶在水中的千姿百态，品其味，闻其香，更能观其叶白脉翠的独到之美。

7. **补充**

（1）除绿茶和黄茶外，冲泡其他茶类时，每次出汤必须要干净，即杯内不能留有前一泡的茶汤，否则会影响下一泡的口感。

（2）前后两次注水之间可稍留出一定的时间间隔，这样可以在一定程度上增加茶叶的耐泡度。

（3）为了保持和提高水温，也可在冲泡前用开水烫热茶具，冲泡后在壶外淋开水。

总的来说，由于六大茶类的特性不同，因此冲泡方法的侧重点也不同。哪怕是同一茶类，不同的品种冲泡方法也会有所差异。所以，因茶制宜，就是最好的冲泡方法。

做一做

请同学们以小组为单位，走进茶艺实训室，为自己的组员冲泡一杯自己喜欢的茶。

任务四　茶艺与茶道

知识梳理

茶艺是茶道的具体形式，茶道是茶艺的精神内涵，茶艺是有形的行为，而茶道是无形的意识。正因为茶艺和茶道的存在，饮茶活动的目的才具有了更高的层次，人们才可以在最普通的日常饮茶中培养自己良好的行为规范及与他人和谐相处的技能。

想一想

同学们知道一天之中什么时候饮什么茶吗？同学们对茶艺了解多少呢？

一、茶艺

茶艺是一种文化。茶艺在中华传统文化的基础上又广泛吸收和借鉴了其他艺术形式，并扩展到文学、艺术等领域，形成了具有浓厚民族特色的中华茶文化。茶艺是饮茶活动过程中形成的文化现象。茶艺渲染了茶性清纯、幽雅、质朴的气质。不同风格的茶艺有不同的背景要求，选对了背景可以更好地领会茶的滋味。

知识拓展

1999 年，国家劳动和社会保障部正式将“茶艺师”列入《中华人民共和国职业分类大典》。《国家职业技能标准——茶艺师》于 2019 年 1 月 8 日下午，经中华人民共和国人力资源和社会保障部批准，正式颁布，并自公布之日起实施。潮州工夫茶茶艺作为中国茶艺的古典流派，集中了中国茶道的精粹。2008 年，潮州工夫茶茶艺作为茶艺的代表入选《第二批国家级非物质文化遗产名录》，传承人有陈香白、叶汉钟。潮州工夫茶茶艺是中国茶艺中最具代表性的一种，它是在唐宋时期就已存在的“散茶”品饮法的基础上发展起来的。日本的煎茶道、中国台湾的泡茶道都来源于潮州工夫茶茶艺。

（一）含义

陈香白先生①说茶道有“七义一心”，茶艺是其七义之一。茶艺是茶道这一普遍概念下属的子概念，它是指在茶事活动中的以茶叶为中心的全部操作形式的总称。既可以把茶艺概括为茶道的表现方法，也可以把茶艺限制为“工夫茶茶艺”或是“绿茶茶艺”等。

茶艺是包括茶叶品评技法和茶叶冲泡操作技艺的鉴赏以及品茗美好环境的领略等整个品茶过程的美好意境，其过程体现形式和精神的相互统一。就形式而言，茶艺包括选茗、择水、烹茶技艺、茶具艺术、环境的选择创造等一系列内容。品茶，先要讲究壶与杯的古朴雅致，或是豪华高贵。另外，品茶还要讲究人品、环境的协调，文人雅士讲究清幽静雅，达官贵族追求豪华高贵等。一般传统的品茶，环境要求多是清风、明月、松吟、竹韵、梅开、雪霁等种种妙趣和意境。总之，茶艺是形式和精神的完美结合，其中包含着美学观点和人的精神寄托。传统的茶艺，是用辩证统一的自然观和人的自身体验，从灵与肉的交互感受中来辨别有关问题，所以在茶艺当中，既包含着中国古代朴素的辩证唯物主义思想，又包含了人们主观的审美情趣和精神寄托。

那么，如何来理解茶艺呢？

第一，茶艺是“茶”和“艺”的有机结合。茶艺是茶艺师把人们日常饮茶的习惯，结合茶道的规则，通过艺术加工，向饮茶人和宾客展现茶的冲、泡、饮的技巧，把日常的饮茶引向艺术化，提升了品饮的境界，赋予茶以更强的灵性和美感。

第二，茶艺是一种生活艺术。茶艺多姿多彩，充满生活情趣，可以丰富人们的生活，提高人们的生活品位。

第三，茶艺是一种舞台艺术。要展现茶艺的魅力，需要人、道具、舞台、灯光、音响、字画、花草等的密切配合及合理编排，给饮茶人以高尚、美好的享受，给茶艺表演带来活力。

---

① 陈香白，男，1938 年 10 月生，广东潮州人。致力于研究茶文化和潮州工夫茶茶艺近 20 年，精通潮州工夫茶的冲泡技艺，首创潮州工夫茶茶道太极图，出版有《茶事通义》等专著，曾应邀在国内外多个城市讲授茶艺。

第四，茶艺是一种人生艺术。人生如茶，在紧张繁忙之中，泡一壶好茶，细细品味，通过品茶感悟苦辣酸甜的人生，使心灵得到净化。

第五，茶艺是一种文化。茶艺在融合中华传统文化的基础上又广泛吸收和借鉴了其他艺术形式，并扩展到文学、艺术等领域，形成了具有浓厚民族特色的中华茶文化。

第六，茶艺是一门生活艺术，只有深入研究，不断发展创新，茶艺才能走下表演的舞台，进入千家万户，成为当代民众乐于接受的一种健康、诗意、时尚的生活方式。

（二）内容

茶艺主要包括以下内容：

第一，茶叶的基本知识。学习茶艺，首先要了解和掌握茶叶的分类，主要名茶的品质特点、制作工艺，以及茶叶的鉴别、贮藏、选购等内容。这是学习茶艺的基础。

第二，水的基本知识。学习茶艺，必须懂得水，茶性必发于水，无水何以谈茶？现代唯一的为高端茶艺提供运水的组织“茗泉邮驿”正在通过被忽略了近三个世纪的“运泉”将中国茶艺推向新的发展高度。

第三，茶艺的技艺。茶艺的技艺是指茶艺的技巧和工艺，包括茶艺表演的程序、动作要领、讲解的内容，对茶叶色、香、味、形的欣赏，对茶具的欣赏与收藏等内容。这是茶艺的核心部分。

第四，茶艺的礼仪。茶艺的礼仪是指茶艺展示过程中的礼貌和礼节。包括展示过程中的仪容仪表、迎来送往、互相交流与彼此沟通的要求与技巧等内容。

第五，茶艺的规范。茶艺要真正体现出人与人之间平等互敬的精神，因此对宾客也有规范的要求。作为宾客，要以饮茶人的精神与品质去要求自己，投入地去品茶赏茶。作为茶艺师，更要符合待客之道，尤其是茶艺馆，其操作规范是决定服务质量和服务水平的一个重要因素。

第六，悟道。道是指一种修行，一种生活的道路和方向，是人生的哲学，道属于精神的内容。悟道是茶艺的最高境界，是通过泡茶与品茶去感悟生活，感悟人生，探寻生命的意义。

（三）茶艺的分类

中国茶艺按照茶艺的表现形式可分为四大类：

1. 表演型茶艺

表演型茶艺是指一个或多个茶艺师为众人演示泡茶技艺。其主要功能是聚焦传媒，吸引大众，宣传普及茶文化，推广茶知识。这类茶艺的特点是适用于大型聚会、节庆活动，这类茶艺与影视网络传媒结合，能起到宣传茶文化及中华传统文化的良好效果。

表演型茶艺重在视觉观赏价值，同时也注重听觉享受。它要求源于生活，高于生活，可借助舞台表现艺术的一切手段来提升茶艺的艺术感染力。

2. 待客型茶艺

待客型茶艺是指由一名主泡茶艺师与客人围桌而坐，一同赏茶鉴水，闻香品茗。在场的每一个人都是茶艺的参与者，而非旁观者，都直接参与茶艺美的创作与体验，都能充分领略到茶的色香味韵，也都可以自由交流情感，切磋茶艺，以及探讨茶道精神和人生奥义。

这种类型的茶艺适用于茶艺馆、机关、企事业单位及普通家庭。修习这类茶艺时，切忌带上表演型茶艺的色彩。讲话和动作都不可矫揉造作，服饰化妆不可过浓过艳，表情最忌夸张，一定要像主人接待亲朋好友一样亲切自然。这类茶艺要求茶艺师能边泡茶，边讲解，客人可以自由发问，随意插话，所以要求茶艺师要具备比较丰富的茶艺知识和较好的与客人沟通的能力。

3. 营销型茶艺

营销型茶艺是指通过茶艺来促销茶叶、茶具，推广茶文化。这类茶艺是最受茶厂、茶庄、茶馆欢迎的一类茶艺。演示这类茶艺，一般要选用审评杯或三才杯（盖碗），以便最直观地向客人展示茶性。这种类型的茶艺没有固定的程序和解说词，而是要求茶艺师在充分了解茶性的基础上，因人而异，看人泡茶，看人讲茶。看人泡茶，是指根据客人的年龄、性别、生活地域冲泡出适合客人口感的茶，展示出茶叶商品的保障因素，如茶的色香味韵。看人讲茶，是指根据客人的文化程度、兴趣爱好，巧妙地介绍好茶的魅力因素，如名贵度、知名度、珍稀度、文化内涵等，以激发客人的购买欲望，使客人产生“即兴购买”的冲动，甚至“惠顾购买”的心理。

营销型茶艺要求茶艺师诚恳自信，有亲和力，并具备丰富的茶叶商品知识和高明的营销技巧。

4. 养生型茶艺

养生型茶艺包括传统养生茶艺和现代养生茶艺。传统养生茶艺是指在深刻理解中国茶道精神的基础上，结合中国佛教、道教的养生功法，如调身、调心、调息、调食、调睡眠、打坐、入静等功法，使人们在修习这种茶艺时以茶养身，以道养心，修身养性，延年益寿。现代养生茶艺是指根据现代中医学最新研究的成果，根据不同花、果、香料、草药的性味特点，调制出适合自己身体状况和口味的养生茶。现代养生茶艺提倡自泡、自斟、自饮、自得其乐，因此越来越受到人们的喜爱。

二、茶道

茶道是品茶赏茶的美感之道，亦被视为一种烹茶饮茶的生活艺术，一种以茶为媒的生活礼仪，一种以茶修身的生活方式。它通过沏茶、赏茶、闻茶、饮茶，增进友谊，美心修德，学习礼仪，领略传统文化。

茶道起源于中国。中国人至少在唐代或唐代以前，就在世界上首先将茶饮作为一种修身养性之道，唐代《封氏闻见记》中就有这样的记载："于是茶道大行，王公朝士无不饮者。"（意思就是：喝茶、饮茶等茶道被广泛地推行，风靡一时，王公贵族、文武百官没有不喝茶的）这是现存文献对茶道的最早记载。唐代吕温在《三月三日茶宴序》中对茶宴的优雅气氛和品茶的美妙韵味，做了非常生动的描绘。

在唐宋年间，人们对饮茶的环境、礼仪、操作方式等饮茶仪程都已非常讲究，有了一些约定俗成的规矩和仪式，茶宴已有宫廷茶宴、寺院茶宴、文人茶宴之分。对茶饮在修身养性中的作用也有了相当深刻的认识。

南宋绍熙二年（1191 年），日本僧人荣西将茶种从中国带回日本，从此日本才开始遍种茶叶。在南宋末期（1259 年）日本南浦昭明禅师来到中国浙江杭州的径山寺取经，交流了该寺院的茶宴仪程，首次将中国的茶道引入日本，其成为中国茶道在日本的最早传播者。日本《类聚名物考》对此有明确记载。日本《本朝高僧传》也有"南浦昭明由宋归国，把茶台子、茶道具一式带到崇福寺"的记述。

中国的茶道出现很早，但遗憾的是中国虽然很早提出了"茶道"的概念，也在该领域中不断实践探索，却没有能够旗帜鲜明地以"茶道"的名义来发展这项事业，也没有规范出具有传统意义的茶道礼仪。中国的茶道可以说是重精神而轻形式。

事实上中国茶道并不是仅仅满足于人们以茶修身养性的需求和礼仪的规范，而是更加大胆地去探索茶饮对人类健康的作用，创造性地将茶与中药等多种天然原料有机地结合，使茶饮在促进人体健康方面的作用得以增强，并使之获得了一个更大的发展空间，这是千百年来茶道一直受到人们重视和喜爱的魅力所在。

茶道是通过品茶赏茶活动来表现一定的礼仪、人品、意境、美学观点和精神思想的一种行为艺术。它是茶艺与精神的结合，并通过茶艺表现精神。中国茶道主要讲究五境之美，即茶叶、茶水、火候、茶具、环境，同时配以情绪等条件，以求“味”和“心”的最高享受。

总而言之，茶道包括两个内容：一是备茶品饮之道，即备茶的技艺、规范和品饮方法。二是思想内涵，即通过饮茶陶冶情操、修身养性，把思想升华到富有哲理的、关于世界人生本体的道的境界，也可以说是在一定社会条件下把当时所倡导的道德和行为规范寓于饮茶的活动之中。

知识拓展

“七义一心”

陈香白先生认为：中国茶道包含茶艺、茶德、茶礼、茶理、茶情、茶学说、茶道引导七种义理，中国茶道精神的核心是和。中国茶道就是通过茶道过程，引导个体在美的享受过程中走向完成品格修养以实现全人类和谐安乐之道。陈香白先生的茶道理论可简称为“七义一心”。

三、茶艺与茶道的关系

在茶道养身实践中，茶艺与茶道互为表里。茶艺主技，载茶道而成艺；茶道主理，因茶艺而彰显。茶道是茶艺的灵魂，在修习茶艺时必须“以道驭艺”；茶艺是茶道的表现，在茶事实践中必须“以艺示道”。

中国茶道内涵厚重，博大精深，既包含了克明俊德、格物致知、以身许国、穷通兼达的儒家思想，又包含了天人合一、宁静致远、道法自然、守真养真的道家理念，还包含了茶禅一味、普爱万物、见性成佛的佛法真知。茶道反映了中华民族平和敦厚、崇尚自然、重生乐生、追求真善美的民族个性，所以最适合于养身。

中国茶艺源于生活，高于生活，它升华了各民族的饮茶习俗，融会了古典美学思想，结合了当代科学泡茶的方法，异彩纷呈，美不胜收。

在茶道养生的过程中，必须勤于修习茶艺，在茶事活动中通过泡茶、品茶、爱茶而不断地真切感受茶艺的美，只有这样，才能在美的享受中实现对身体的滋养和对心灵的解放。

可以这么说：茶艺赋予茶道形象和生命，茶道因茶艺而鲜活生动；茶道赋予茶艺深度和灵魂，茶艺因茶道而灿烂迷人。

任务五　中西方茶文化之简述比较

知识梳理

在人类漫长的历史进程中，茶文化在世界各地的发展程度各不相同，在饮茶之风日益盛行的21世纪，茶文化更是得到了空前的发展和进步。然而世界各地的茶文化都不尽相同，本部分将对中西方茶文化进行简述比较。

想一想

中西方茶文化有何差异？造成这些差异的主要原因是什么呢？

一、中华茶文化简述

茶在中国不仅仅是一种饮料，茶衍生出来的茶道更是一种文化。中国是茶的故乡，是茶叶的发源地。中国人对茶非常熟悉。常言道：“开门七件事，柴米油盐酱醋茶。”由此可见，茶与人们日常生活有着须臾不离的关系。中国人饮茶讲究茶道，在茶事活动中融入哲理、伦理、道德，通过品茗来修身养性、陶冶情操、品味人生，参禅悟道，达到精神上的享受和人格上的洗礼，这就是中国饮茶的最高境界。

茶对于中国人是有特殊含义的，中国人喝茶并非简单的解渴，茶文化已深深融入中华传统文化，受中华传统文化的浸染，形成了独特的中国茶道精神。中华茶文化内容简介如下图所示。

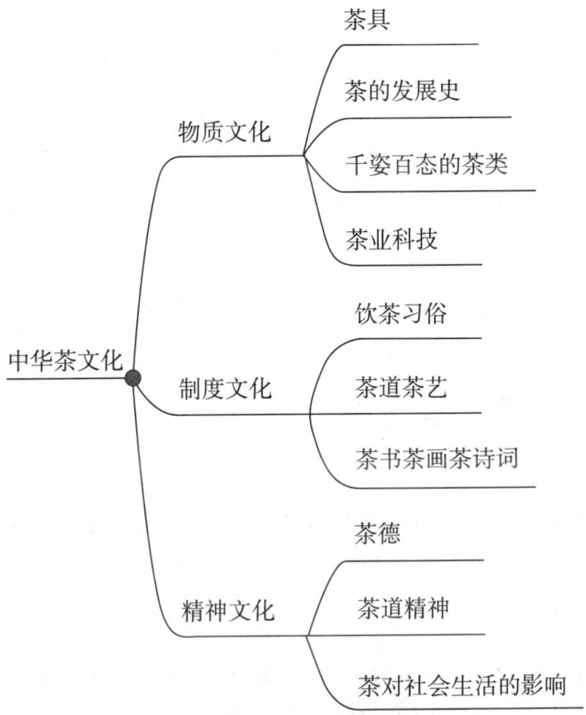

中华茶文化内容简介

大约在魏晋时期，玄学家开始提升茶的精神内涵，茶除了用于解渴、药疗之外，还有为交谈助兴的作用。也正是在这个时期，儒家以茶养廉，道家以茶求静，佛家以茶助禅，茶的精神内涵已超出其本身的物质层面。

首先，中华茶文化融合了儒家“中庸和谐”的思想观念，主张以茶协调人际关系，实现互爱、互敬、互助的大同理想，并以茶的清廉、高洁之精神磨炼自己的意志。儒家茶文化具有“乐感”与雅志的特点，注重“以茶可雅志”的人格思想，认为饮茶可自省、可审己，而只有清醒地看待自己，才能正确地对待他人，它融入了一种儒家的人生态度，就是从自身做起，落脚点在“利仁”，这是一种博大精深的思想体系的体现。

其次，中华茶文化融合了道家“天人合一”的思想。道家崇尚自然，推崇无为、守朴、归真。道家对茶的认识很早，茶产自山野之林，受天地之精华，承丰壤之雨露，茶之品格，正蕴含道家“淡泊”“宁静”“返璞归真”的神韵，即“人法地，地法天，天法道，道法自然”。

最后，佛家主张以茶助禅，明心见性，以助“顿悟”而得道。佛家主张用茶的雨露浇开人们心中的堡垒，使人明心见性，主张保持“清寂”态度、“和敬”精神，以澄明心境，洁身自好。从这一点说，通过饮茶意境的创造，可以把禅的哲学精神与茶结合起来。

茶，由提神醒脑的天然功用到致清导和的精神作用，由自然的茶品到社会的人品，这种渐进的认识、升华过程，不仅表现出了中国人对自然的认识历程，而且反映出了人与自然高度契合、和谐统一的过程，同时也彰显出人类对真善美的追求过程。

二、西方茶文化简述

正统的西方茶文化以英国为首，在英国，饮茶成为生活的一部分，是英国人表现绅士风格的一种礼仪，也是英国皇室生活中必不可少的活动。最初是皇室成员在家中优雅地使用茶具品茶，而后演变成友人欢聚的社交茶会，进而又延伸出各种繁文缛节，例如，品茶时对茶具、插花、烛台等一系列用具和摆设非常讲究，有时还要求有音乐伴奏。英式下午茶通常在下午 4—5 点钟进行，并且要搭配一定的甜点。时至今日，大部分英国民众闲暇时也会在家里泡上一壶好茶，备上精美的茶点和水果，轻松愉快地进行交谈。

西方这种开放性的饮茶法更多的只是把茶当作饮料，茶文化逐渐成为餐饮的一部分，这与中国的“饮茶悟道”大相径庭。

项目总结

饮茶是一种行为，更是一种意境、一种文化。通过本项目的学习，同学们获取有关中华茶文化的知识，包括中国茶的起源与发展史、茶的种类、茶具与泡茶、茶艺与茶道以及中西方茶文化之简述比较。同学们在学习中华茶文化中知晓礼仪，形成正确的价值观，于潜移默化中获得甘露般滋润的快乐。

知识检测

1. 世界上最早发现、栽培、利用茶叶的国家是（　　）。

A. 日本　　B. 韩国　　C. 英国　　D. 中国

2. 红茶属于什么茶（　　）。

A. 不发酵花　　B. 半发酵茶　　C. 全发酵茶　　D. 微发酵茶

3. 黄山毛峰产自哪里？（　　）。

A. 浙江　　B. 安徽　　C. 福建　　D. 云南

4. 中国茶道精神的核心是（　　）。

A. 和　　B. 静　　C. 清　　D. 廉

5. 85～90℃的水比较适宜冲泡（　　）。

A. 绿茶　　B. 红茶　　C. 沱茶　　D. 白茶

【参考文献】

［1］何草．茶道玄幽——中国茶的品饮艺术［M］．北京：光明日报出版社，1999.

［2］姚国坤．茶文化概论［M］．杭州：浙江摄影出版社，2004.

［3］朱世英、王镇恒、詹久罗．中国茶文化大辞典［M］．上海：汉语大词典出版社，2002.

［4］詹罗九．名泉名水泡好茶［M］．北京：中国农业出版社，2003.

扫码得答案

项目五
中华地方文化

知识目标

使学生掌握中国南北气候与地理文化；了解中国南方建筑及北方建筑的特点与表现形式；了解中国南北方人的饮食和语言差异。

能力目标

使学生能够运用所学相关知识，分析中国南方地区和北方地区的自然与人文差异。

情感态度目标

通过对丰富多彩的中华地方文化的了解，培养学生理解与尊重南北地方文化传统和生活习俗的情感。

任务一　中国南北气候与地理文化

知识梳理

在中国广袤辽阔的疆域上，地域差异是重要的话题。而其中最为人津津乐道的，莫过于南北差异。

由于中国南北双方所处的地理位置、气候特征等方面的不同，造成了中国南北方气候地理的显著差异。

想一想

从南北方交流的角度讲，南方如何发展得更快？北方要发展应该采取哪些措施？

一、中国南北气候文化

（一）南涝北旱（通常情况下）

中国是一个幅员辽阔、自然环境多样、人口众多的国家。从海陆分布看，中国季风气候较为显著，加之受青藏高原的影响，季风在一年内的交替进退，对中国地理环境的形成和地域差异，起着非常重要的作用。

由于受季风影响，中国年降水量从东南沿海向西北内陆逐步递减。通常情况下，南方不仅雨季历时长，而且由于夏秋季节性降水集中，因而常常出现洪涝灾害。而华北、西北相对降水较少，再加上曾经垦殖、放牧过度，蓄水抗旱能力相对较差，所以一段时间内曾面临过严重的“水荒”，影响着当地人民的生产和生活。

2000 年，南水北调工程规划有序展开，南水北调工程有效调节了中国水资源的空间分配矛盾，既缓解了南方的水患，又缓解了北方的水资源危机。

（二）南热北冷（通常情况下）

中国气温分布总的特点是南热北冷。年平均气温由南向北逐渐降低，从南海诸岛的25℃以上到黑龙江省北部的约－5℃，南北相差有30℃左右。1月通常是中国全年最冷月，1月等温线大致与纬线平行，分布密集，纬度效应明显。黑龙江省最北部，1月气温基本上低于－30℃，中国台湾南部和海南岛南部则基本上在20℃以上，平均每向北跨1个纬度，1月气温降低1.5℃。中国大部分地区7月最热。7月平均气温20~28℃，南北气温差异不大，东部地区平均跨1个纬度，气温差0.2℃左右。中国著名的高温中心，是深居内陆的吐鲁番盆地。

（三）南湿北干（通常情况下）

在纬度、海陆位置和地形因素的影响下，中国气候从西北向东南由干到湿。

海水的比热容约为陆地岩石和土壤的12倍，因而在吸收或放出相同热量时，岩石和土壤温度变化剧烈，海水却“波澜不惊”。因此，在大致相同的纬度上，夏季陆地温度高于海洋，冬季陆地温度则低于海洋，海陆间温差造成的压力驱使着大气在两者之间往复，形成季风。冬季风寒冷干燥，从亚洲内陆开始横扫华夏。夏季风则温暖湿润，携带水汽从东南沿海一路北上，不断成云致雨。随着距离的增加，水汽逐渐减少，就造成了南北之间降水量的差异。东南沿海地区降水充沛，年降水量通常为1600毫米以上。长江流域的年降水量为800~1600毫米，而当北上的夏季风与南下的冷空气相遇僵持时，便会形成绵长的梅雨。充足的降水，让南方地区河湖众多，尤其在地势低平的长三角地区。相比之下华北、东北等北方地区，通常年降水量只有400~800毫米，大致为长江流域的一半。

二、中国南北地理文化

（一）地貌差异

中国南方多低山丘陵，成分多样的岩石在水流的冲刷下形成多样的地貌景观，粤北山区红色的砂岩和砾岩形成丹霞地貌，而广西、贵州和云南东部分布着约130万平方千米的碳酸盐岩，形成世界最大的岩溶地貌。相比之下，北方的大片区域则属于构造上的盆地区，河流带来的泥沙在此沉积，形成厚为1000~3500米的沉积物，形成了华北平原和东北平原。流经华北平原的黄河富含泥沙，其中的绝大多数来自中游的黄土高原，这里堆积着厚100~200米、面积达50万平方千米的黄土，是全球最集中、最大的黄土区。夏季的暴雨冲刷黄土高原，使其形成千沟万壑的地貌特点。

（二）河流差异

1. 河流数量是北方少而南方多

南方因为降水量多，地表径流丰富，河网密度较大，特别是河流下游地段更是水网密布，湖泊众多，一片泽国水乡的景色，而北方河流相对南方则较少。

2. 河流水量通常是北方小而南方大

南方的河流地处热带、亚热带湿润地区，水量丰富，径流量大，支流多；而北方河流流经干旱、半干旱和半湿润地区，河流量不大，年径流量也较小。

3. 河流汛期通常是北方短而南方长

北方部分河流一年有两次汛期，第一次在春季，气温回升，冰雪融化，形成第一次汛期，而这时也是桃花开放的日期，故也称桃花汛；第二次在夏季，是因季风作用形成的汛期。

4. 河流含沙量通常是南方小而北方大

南方河流经过的地域由于植被覆盖面相对较大，因而河流含沙量和输沙量均较小，而北方河流在相当长的一段时间内植被覆盖情况不理想，水土流失严重，因此含沙量和输沙量较大。

5. 河流结冰情况

南方河流冬季一般不结冰，水量年变化比较和缓，河流通航里程长，受季节影响不大，所以长江号称中国的“黄金水道”。而北方河流水量大多不及南方大，并有明显的季节变化，几乎都有或长或短的结冰期，部分河流有凌汛现象，河流航运和发电几乎都明显地受到季节的影响。

（三）其他自然差异

1. 农作物及耕作制度

导致中国南北方耕作制度和种植的农作物差异的主要因素是气候。中国农作物的分布类型大体表现为南方水田和北方旱地两种类型。南方热量丰富，雨季时间较长，河湖众多，适合水稻生长，耕作制度可以达到一年两熟到一年三熟，主要农作物有水稻、棉花、甘蔗、油菜等。北方全年雨季较短，冬季寒冷干燥，广泛种植小麦、甜菜、花生等，东北纬度更高，种植春小麦、甜菜等，由于气温原因，农作物的耕作制度一般为一年一熟到两年三熟。农作物的不同，使得南北方人民的生活方式也有所不同。

农作物的生长主要依赖热量积累，一年内日平均气温≥10℃持续期间日平均气温的总和称为积温。东北地区的积温 <4000℃，一年中的绝大多数时间里农作物都无法生长，但该地区山地森林面积广阔，有相对丰富的降水和缓慢的蒸发，让这里的地表水资源充足，因而渔猎一直是该地区传统的生产方式。在冷湿的气候条件下，有机质得以较好地保存在土壤中，形成肥沃的“黑土地”。在东北平原短暂的夏季，农作物依靠土壤的肥力迅速生长，使这里成了中国的大粮仓。黄河下游平原以及海河、淮河两岸，积温 >4000℃，因而普遍种植喜温耐旱的农作物，该地区小麦的产量约占全国的58%以上。秦岭—淮河以南的水热条件更加优越，积温 >4800℃，加上丰沛的降水量，让这里成为水稻的适宜耕种区。随着热量和降水量的增加，耕作制度也从东北平原的一年一熟，到长江流域的一年两熟，再到岭南、海南等地的一年三熟。

2. **水果方面**

中国南北地势、环境差异造成了各方面的差异，“橘生淮南则为橘，生于淮北则为枳”说的就是这个道理。中国南方在种植水果方面比北方占了更多的优势，南方气候温和，水分阳光充足，因此水果种类较多，以热带水果闻名，如番石榴、阳桃、莲雾、荔枝、龙眼、榴梿、山竹、柠檬、菠萝、火龙果、橙子、柑橘、波罗蜜、木瓜、牛油果、柚子、红毛丹、香蕉、杧果、佛手果、奇异果等。

北方以温带水果为主，由于冬季气候寒冷，四季温差大，适宜生长的水果种类较南方少，常见的有葡萄、苹果、梨、桃、杏、李子、草莓、柿子、山楂、红枣、樱桃等。

文化品鉴魅力

从古诗词体会南北方之美

1. 《易水歌》风萧萧兮易水寒，壮士一去兮不复还！北方——易水·苍凉之美

2. 《江南》江南可采莲，莲叶何田田。鱼戏莲叶间。鱼戏莲叶东，鱼戏莲叶西，鱼戏莲叶南，鱼戏莲叶北。南方——江南·水乡之美

3. 《登鹳雀楼》白日依山尽，黄河入海流。欲穷千里目，更上一层楼。北

方——黄河·落日之美

4.《早发白帝城》朝辞白帝彩云间，千里江陵一日还。两岸猿声啼不住，轻舟已过万重山。南方——长江·三峡地貌之美

5.《从军行》青海长云暗雪山，孤城遥望玉门关。黄沙百战穿金甲，不破楼兰终不还。北方——玉门关·雄壮之美

6.《望庐山瀑布》日照香炉生紫烟，遥看瀑布挂前川。飞流直下三千尺，疑是银河落九天。南方——庐山·景色之美

7.《敕勒歌》敕勒川，阴山下。天似穹庐，笼盖四野。天苍苍，野茫茫，风吹草低见牛羊。北方——草原·辽阔之美

8.《宿建德江》移舟泊烟渚，日暮客愁新。野旷天低树，江清月近人。南方——江中·夜色之美

9.《出塞》秦时明月汉时关，万里长征人未还。但使龙城飞将在，不教胡马度阴山。北方——关塞·月景之美

10.《赠汪伦》李白乘舟将欲行，忽闻岸上踏歌声。桃花潭水深千尺，不及汪伦送我情。南方——皖南·水之美

11.《白雪歌送武判官归京》北风卷地白草折，胡天八月即飞雪。忽如一夜春风来，千树万树梨花开。北方——塞北·雪景之美

12.《独坐敬亭山》众鸟高飞尽，孤云独去闲。相看两不厌，只有敬亭山。南方——皖南·山之美

13.《碛中作》走马西来欲到天，辞家见月两回圆。今夜不知何处宿，平沙万里绝人烟。北方——大漠·月景之美

14.《望天门山》天门中断楚江开，碧水东流至此回。两岸青山相对出，孤帆一片日边来。南方——长江·孤帆之美

15.《和张仆射塞下曲六首》（其三）月黑雁飞高，单于夜遁逃。欲将轻骑逐，大雪满弓刀。北方——塞北·雪夜之美

16.《登金陵凤凰台》凤凰台上凤凰游，凤去台空江自流。吴宫花草埋幽径，晋代衣冠成古丘。三山半落青天外，二水中分白鹭洲。总为浮云能蔽日，长安不见使人愁。南方——南京·白鹭洲之美

17.《登科后》昔日龌龊不足夸，今朝放荡思无涯。春风得意马蹄疾，一日看尽长安花。北方——西安·春花之美

18.《枫桥夜泊》月落乌啼霜满天，江枫渔火对愁眠。姑苏城外寒山寺，夜半钟声到客船。南方——苏州·枫桥夜景之美

19.《条山苍》条山苍，河水黄。浪波沄沄去，松柏在高冈。北方——中条山·崖柏之美

20.《黄鹤楼》昔人已乘黄鹤去，此地空余黄鹤楼。黄鹤一去不复返，白云千载空悠悠。

晴川历历汉阳树，芳草萋萋鹦鹉洲。日暮乡关何处是？烟波江上使人愁。南方——武汉·黄鹤楼之美

21.《赋得古原草送别》离离原上草，一岁一枯荣。野火烧不尽，春风吹又生。远芳侵古道，晴翠接荒城。又送王孙去，萋萋满别情。北方——草原·生命力之美

22.《绝句》两个黄鹂鸣翠柳，一行白鹭上青天。窗含西岭千秋雪，门泊东吴万里船。南方——成都·遥望雪山之美

23.《题都城南庄》去年今日此门中，人面桃花相映红。人面不知何处去，桃花依旧笑春风。北方——西安·桃花之美

24.《乌衣巷》朱雀桥边野草花，乌衣巷口夕阳斜。旧时王谢堂前燕，飞入寻常百姓家。南方——南京·乌衣巷夕阳之美

25.《不第后赋菊》待到秋来九月八，我花开后百花杀。冲天香阵透长安，满城尽带黄金甲。北方——西安·秋菊之美

26.《大林寺桃花》人间四月芳菲尽，山寺桃花始盛开。长恨春归无觅处，不知转入此中来。南方——大林寺·桃花之美

27.《马诗·大漠沙如雪》大漠沙如雪，燕山月似钩。何当金络脑，快走踏清秋。北方——大漠·新月之美

28.《忆江南三首》江南好，风景旧曾谙：日出江花红胜火，春来江水绿如蓝。能不忆江南？江南忆，最忆是杭州：山寺月中寻桂子，郡亭枕上看潮头。何日更重游？江南忆，其次忆吴宫：吴酒一杯春竹叶，吴娃双舞醉芙蓉。早晚复相逢？南方——苏杭·天堂之美

29.《登乐游原》向晚意不适，驱车登古原。夕阳无限好，只是近黄昏。北方——西安城南·乐游原夕阳之美

30.《江南春》千里莺啼绿映红，水村山郭酒旗风。南朝四百八十寺，多少楼台烟雨中。南方——江南·古寺之美

说一说

同学们还知道哪些关于南北方自然差异的诗句？请说一说。

做一做

中国南北方的分界线是什么？请同学们在地图上找一找。

任务二　中国南北方建筑艺术

知识梳理

独具特色的中国建筑是辉煌的中华文明的重要组成部分，中国建筑、西方建筑和伊斯兰建筑一起组成了世界三大建筑体系。中国建筑是世界上唯一以木结构为主的建筑体系，是中国人的伦理观、审美观、价值观和自然观的深刻体现。

想一想

中国南方建筑与北方建筑各有何特点，形成南北方建筑差异的原因有哪些？南北方建筑的差异同学们知道多少？

中国建筑在世界建筑史中独占鳌头，无论是名传海外的北京故宫，还是江南水乡的私家园林，以及塞北粗犷的黄土高原窑洞，西南村寨的木制吊脚楼，石泥木结构的藏寨，北京四合院，闽系客家围屋，无不令世人惊叹。中国地之大、物之博、屋之精，涵盖了中国传统建筑精粹。今天，我们就来一起分析中国建筑在南北方究竟有着什么样的不同，以及它们各自拥有的精粹智慧。

一、建筑的起源

建筑起源于人的居住需要，因而，民居几乎是和人类的文明同时发展起来的，它是历史最悠久、范围最广泛、形式最多样最基本的建筑样式，是宫殿、祠庙、寺观等建筑类型的基础和源泉。民居作为宁和、朴素的安居之所，既满足了人居住功能的要求，又具有一定的精神意义，它所形成的文化功能与氛围总是与“家”联系在一起，让人的生活和精神得到休憩与寄托。

中国各地的居住建筑，又称民居。由于中国各地区的自然环境和人文情况不同，各地民居也显现出多样化的面貌。中国的民居是中国传统建筑中的重要类型，是中国古代建筑中民间建筑体系中的重要组成内容。

从建筑的起源、中国民居建筑的南北差异等，可以感受出中国建筑文化源远流长，博大精深。正是中国南北方建筑的多种差异，才构成了中国建筑文化的多样性，体现出中华传统文化内涵的丰富性。

二、中国北方建筑

（一）中国北方建筑特点

中国北方气候寒冷，土壤相对疏松，地势比较平缓，北方人民多用泥土岩石等方面的材料建造房屋，同时北方民风比较粗犷、醇厚。多种因素结合使中国北方民居建筑形成了结构单一、房屋厚实、门面向阳、材料单一的特点。

中国北方因冬季气候特别寒冷，故建筑需注重保温、日照、采暖等一系列防寒措施。这种寒冷的气候需要北方居民有厚重的墙体和厚重的屋顶，因此大多数北方居民屋顶呈现出严肃、庄重的特点，建筑实体看起来十分质朴敦厚。

宏观地考察中国北方汉族建筑的艺术特色，有两个明显特征：一是以北京四合院为代表的官式宅第建筑，如同宫殿、坛庙、苑囿、陵墓、衙署等官式建筑一样，属于高度程式化的木构架体系建筑，无论在宅第族群的总体布局、院落组织、空间调度，还是在宅屋的造型、配置、方位、间架、尺寸、屋顶、装修以及主材质的色彩、细部纹饰等，都经过长期的筛选、陶冶，形成一整套严密的定型程式，表现出高度成熟的官式风范；二是分布在北方大地的汉族宅第，尽管各地的宅第格局不尽相同，构筑体系、用材建法和宅屋外观呈现种种乡土差别，但在艺术格调上都反映出一种与南方宅第的轻展灵巧截然不同的性格，表现出质朴敦厚的北方风貌。但中国北方建筑因其所处地势不同也有许多不同的差异。其中最有特点的就是北京四合院、蒙古包、黄土高原窑洞。

（二）中国北方建筑的不同表现形式

1. 北京四合院

首先，从外形看，四合院形状对称、规整，一般都以四四方方的形状呈现，暗喻了中国古人“天圆地方”的思想。

其次，整个四合院是一个对称的形状，由中轴划分好。这里面蕴藏着中国儒家的思想。中轴线的对称划分显示儒家的中正、仁义，表明了君子待人待物不偏不倚。同时，四四方方的布局，加上青灰色的色调，显得厚重，也象征着“天行健，君子以自强不息。地势坤，君子以厚德载物。”值得注意的是一个细节：四合院的门不是居中而设的，而是通常设在四合院的东南角。在中国古代有“紫气东来”之说，象征着贵不可言，这也表达了古人对居住环境风水的追求。人们往往通过房屋结构布局设计来让自己及家人的未来变得更加美好。

北京四合院是北京的传统民居形式。其在辽代时已初具规模，发展至金、元、明清时逐渐完善，最终成为北京最具特色的民居形式。所谓“四合”是指东西南北四面房屋环绕在一起，使其整体形状形成一个“口”字。经过数百年的建设，北京四合院最终从平面到立体、从外部到内饰逐渐形成了京城特有的京味儿，并迅速发展成最具北京特色的建筑风格。最简单的四合院只有一个院子，比较复杂的有两三个院子，富贵人家居住的深宅大院，通常是由数座四合院并列组成的，中间还有隔墙。

四合院院中的北房是正房，正房建在砖石砌成的台基上，比其他房屋的规模大，通常是院主人的居室。院子的两边建有东西厢房，是其他家庭成员的居室。通常在正房和厢房之间建有走廊，可以供人行走和休息。四合院的围墙和临街的房屋一般不对外开窗，院中的环境封闭而幽静。

2. 蒙古包

蒙古包是蒙古族牧民居住的一种房子，适于牧业生产和游牧生活。蒙古包内宽敞舒适，是用特制的木架做“哈那”（蒙古包的围栏支撑），用两至三层羊毛毡围裹，之后用马鬃或驼毛拧成的绳子捆绑而成，顶部用“乌耐”作支架并盖有“布乐斯”，以呈天幕状。其圆形尖顶开有天窗“套脑”，上面盖着四方块的羊毛毡“乌日何”，可通风、采光，既便于搭建，又便于拆卸移动，适于轮牧走场居住。蒙古包独特的制作技艺，体现了蒙古民族的审美观与高超的技能，有着不可替代的观赏价值，同时具有实用价值、艺术价值、经济价值。

蒙古族牧民，由于游牧生活的需要，要逐水草而居。因此，也可以说蒙古包是草原地区流动放牧的产物。

3. **黄土高原窑洞**

黄土高原窑洞的种类主要分为靠崖窑、地坑窑和砖石窑等。靠崖窑是在黄土垂直面上开凿的小窑，常数洞相连或上下数层；地坑窑是在土层中挖掘深坑，造成人工崖面再在其上开挖窑洞；砖石窑是在地面上用砖、石或土坯建造一层或两层的拱券式房屋。

靠崖窑建筑群落（村落）以院落为单元，沿地形变化，随山势，成群、成线地镶嵌于山间，在构图上形成台阶形空间，给人以雄浑的壮美感受。

三、中国南方建筑

（一）中国南方建筑特点

中国南方地理环境相对多样，形成多种生活方式。譬如皖南的徽派建筑、福建的闽系客家围屋，各有精粹。西南地区，还有木制吊脚楼、石泥木结构的藏寨等，均已各成体系。

一提起中国南方建筑，许多人立刻就联想到那小桥流水的美丽画面。江南的一些小镇，大都有一条小河流过，两岸都是青灰色的小房子，一水的马头墙、青灰瓦，安安静静的。一般的民居从门口进去后，便是一个天井，旁边有一个石水槽，那是洗衣服和洗菜的地方，往前便是一个厨房，很大，连餐厅都包括在内了，向左一转，便是一个木楼梯，走上楼去，那里有几间卧室。从楼上可以俯视楼下的天井，天井通常由青石板铺就，在夏天时可谓是花团锦簇，到冬天则是小孩子们打雪仗的好地方。当然，这只是一个模式，各家会根据自家的特点来设计房屋。

中国的南方夏季气候炎热，多雨。民居的墙体屋顶都做得十分单薄，看起来很轻巧。人们可以把建筑的空间进行自由的处理，可以比较自由地伸缩、凹凸、展延。比如徽派民居屋顶铺设的是青瓦，大部分房间没有天花板，直接裸露着屋顶的木构架。屋脊的形式千姿百态：屋脊的底部多用砖砌成矩形，上面的山墙再向上出挑成斜面，屋脊两端多用鱼形装饰，整个屋顶呈现出灵巧活泼的风格，墙体也比较薄，给人的整体感觉比较轻盈秀气。南方地区的民居院落较小，四周房屋连成一体，南方民居多使用穿斗式结构，房屋组合比较灵活。

（二）中国南方建筑的不同表现形式

1. 江苏民居

江苏气候温和湿润、水域丰富，城镇及乡村民居大都利用地形、自由灵活地散布着。民居或临河依水而建或跨溪而筑。民居布局紧凑，一般为两层楼房。民居房层高、墙身薄、出檐深、门窗高大，利于通风，外观朴素、粉墙灰瓦照影、蠡窗映水，掩映于桃柳丝竹之间形成独特的水乡人家。提起江苏民居，人们不由自主地会想起苏州园林，在苏州，房屋的山墙形似马头，建筑多粉墙黛瓦，颜色淡雅。

2. 干栏式建筑

干栏式建筑主要应为防潮湿而建，长脊短檐式的屋顶以及高出地面的底架，都是为适应多雨地区的需要，各地发现的干栏式陶屋、陶囷以及栅居式陶屋，均体现了防潮湿的建筑形制，特别是仓廪建筑采用这种形制的用意更为明显。

傣族民居分为干栏式建筑、地面建筑、土掌房三种。干栏式建筑主要分布在西双版纳和德宏州的瑞丽。干栏式建筑以竹木为材料，木材作房架，竹子作檩、椽、楼面、墙、梯、栏等，各部件的连接用榫卯和竹篾绑扎，为单幢建筑，各家自成院落，各宅院有小径相通。房顶用草排或挂瓦。瑞丽的干栏式建筑体现出较高的水平。地面建筑主要为芒市、盈江等地采用，为土墙平房，因受汉族影响，已不是傣族固有的住宅形式。土掌房大量分布于云南中部和东南部地区。土掌房以木梁柱和土墙承重土质平顶，形成一个长方体或正方体，因地势建成二、三层的土楼，层层叠进，呈阶梯形。土掌房平顶上可晾晒粮食或堆放农具。土掌房建造容易，冬暖夏凉，特别适合于干热河谷地带的气候。

说一说

中国南北方建筑的风格差异。

任务三　中国南方人与北方人

知识梳理

中国人常以北方人、南方人自居，却极少自称为东部人或西部人。人们也热衷于创造“南X北Y”的句式，包括但不限于南涝北旱（气候）、南船北马（交通）、南橘北枳（物产）、南米北面（饮食）、南繁北齐（语言）、南轻北重（工业）、南婉北爽（性格）、南拳北腿（武功），甚至南帝北丐、南慕容北乔峰、南武当北少林……大到地形、气候，小到穿衣、饮食，都被拿来品评调侃，显示出中国南、北方的人文差异。

想一想

中国关于南、北方的地域差异不胜枚举，你还知道哪些？请举例说明。

中国历史上的多次人口迁徙以及中国不同地域在气候、生活习惯上的差异，造就了中国南、北方人不同的面貌特征、饮食习惯等。例如，皮肤特征不同，一般南方人皮肤光滑、细嫩，北方人皮肤相对粗糙。又如在饮食方面，北方多吃面，南方多吃米。

一、交通方式——南船北马

中国古代的交通工具是南方以船为主，北方以马为主。其原因是南方气候湿润，降水丰富，地表河网密布，因此适应“水乡”的船舶运输便应运而生。而北方多干旱、半干旱气候，草场广布，畜牧业发达，马匹除了提供乳肉产品外，又以其耐力好、速度快而被北方人民驯化为代步工具，成为北方的交通工具。

二、饮食差异——南米北面

中国南北方的饮食习惯不同，南方人多爱吃米饭，北方人多喜吃面食。其实，这与南北方的农业生产结构有关。中国南方的气候是高温多雨，耕地多以水田为主，所以当地的农民因地制宜种植生长习性喜高温多雨的水稻。而中国北方降水较少，气温较低，耕地多为旱地，适合喜干耐寒的小麦生长。所谓“种啥吃啥”，长此以往，便养成了南米北面的饮食习惯。北方地区的饮食被面食所统治，不论是过年过节还是生日聚会，一顿饺子几乎打遍天下，即便是在出产大米的东北，饺子也十分常见。在山东半岛，日常饮食中不能少了馒头，但据此就认为北方主食单调，是不符合事实的。北方面食种类之丰富，超越南方人的想象。单是馒头花卷，就有成千上万种造型。此外还有烙饼、油饼、烧饼、煎饼、炸酱面、油泼面、臊子面、扯面、牛肉面、切面、揪面、刀削面、烩面，以及馕、疙瘩汤、炒疙瘩、炒面片、油条、麻花、包子……相比之下，以稻米为主的南方地区，一碗米饭才是餐桌上的主流，而黏度更高的糯米则适合制作各类糕点和米制品。

除了粮食，各种肉类、副食品也形成了南北差异。东北地区的冬季室外气温往往达到零下几十度，成了一座天然冰箱，水果、鱼、冰棍等一切好吃的东西皆可冰冻。加上北方整体气候干燥，食物不易腐败，因此，北方人的餐桌上，猪、牛、羊等畜肉做成的“硬菜”必不可少。相比北方，处于亚热带和热带的南方地区气候温暖湿润，食物可存放的时间较短，加上物产供应源源不断，南方人更注重食材的新鲜，各种带绿叶的蔬菜是餐桌必备。作为鱼米之乡的江南地区，鲜味占据主流，气候湿热的西南地区，则通过辣椒和花椒的使用祛湿、杀菌等，无意间成就了麻辣的味觉盛宴。

三、语言差异——南繁北齐

（一）语言差异

中国语言的地理差异表现为南繁北齐，即南方语言较为繁杂，北方语言比较单一整齐。中国北方广大地区都属北方方言区，北方各地语言虽有区别，但通话、交流并没有太大障碍。而南方即使在同一方言区，如闽方言区，还分福州话、厦门话、莆田话、闽西话等，彼此差异极大，甚至听不懂。这些语言的形成与地理环境是有一定关系的。

（二）差异成因

中国北方多地势平坦的高原和平原，交通联系方便，老百姓交往、交流的机会多，彼此融合，因而语言差异不大。

南方多丘陵山地，地形崎岖，交通闭塞，不利于人们交往，久而久之便形成各具地方特色的“土话”。

四、工业差异——南轻北重

由于受到资源和区位等因素的影响，中国的工业布局有南轻北重的地域特征，即中国北方以重工业为主，南方轻工业相对比较发达。造成这一现象的主要原因是：中国北方煤炭、石油、铁矿石等资源丰富，因而逐渐形成以采矿、冶金、机械制造等重工业为主的工业结构；而东南沿海地区重工业原料相对贫乏，但交通便捷、资金技术力量雄厚，所以便扬长避短，发展原料、燃料消耗少的工业类型，因而轻工业相对比较发达。

此外，形容中国南北方地理和文化差异的词语还有南拳北腿、南柔北刚、南甜北咸等。总之，中国南北差异表现在各个方面，造成的原因也很复杂，其中，地理因素是不可忽视的重要因素。在今后的发展过程中，南北双方应正视这种差异的存在，实现优势互补，互相促进，共同创造祖国美好的未来。

文化品鉴魅力

形容中国南北方差异的词语很多，下列一组词语都是用来形容南方、北方自然和人文差异的。如：南米北面、南甜北咸、南繁北齐、南婉北爽、南拳北腿、南船北马、南敞北封、南轻北重、南经北政、南柔北刚、南涝北旱。

这些词语体现了中国南北方不同的自然特征和人文特征，同学们知道这些词语所描述的是南北方在哪些方面的差异吗？请按下列各方面的差异对以上词语进行分类。

交通运输——

工业部门——

饮食习惯——

自然灾害——

政治经济——

语言文化——

扫码得答案

项目总结

中国南北方虽有差异，却又如此相似。不同的自然环境，不同的万物生灵，不同的生活方式，它们虽然千差万别，却又交织融合在同一片土地上。交通的发展一直伴随着南北的沟通，古代的京杭大运河像纽带般连接江南与京城，现代的铁路、公路连接南方与北方的都市，农业科技的发展正在打破南北物产的壁垒，南北人口、货物的流通带来天南海北口味的融合。

本项目主要介绍了中国南北方的特征及差异，其涉及气候、地理、南北方建筑、南北方人的饮食、语言等诸多方面，旨在增强学生对中国南北方的认识，使学生形成正确的态度对待南北差异。不同而和，和而不同，这正是中国的智慧。

知识检测

1. 由于（　　）的差异，造成了中国南北方“南船北马”的交通差异。

A. 植被资源　　B. 水资源　　C. 生活习惯　　D. 性格

2. 中国北方更适合小麦生长，其原因是（　　）。

3. 下面是关于景色描写的诗句，请分别指出写南方还是写北方。

敕勒川，阴山下。天似穹庐，笼盖四野。天苍苍，野茫茫，风吹草低见牛羊。（　　）

大漠沙如雪，燕山月似钩。何当金络脑，快走踏清秋。（　　）

江南好，风景旧曾谙：日出江花红胜火，春来江水绿如蓝。（　　）

南朝四百八十寺，多少楼台烟雨中。（　　）

活动思维

1. 学完本项目后，某班准备以“中国南北方建筑差异”为话题，组织开展一次综合性学习活动，全班同学都积极参与，活动中因喜欢什么建筑文化发生了争论，于是展开了一场辩论：

喜欢中国北方建筑。理由（至少两条）：

喜欢中国南方建筑。理由（至少两条）：

2. 有些人认为，中国南方人性格是斤斤计较，中国北方人过于直爽。面对部分人对南北差异存在认知偏差的情况，同学们有什么好的建议，请写出一条。

综合运用

1. 饮食方面，中国南方人以（　　）为主，口味偏（　　），中国北方人以（　　）为主，口味偏（　　）。

2. 交通方面，中国南方（　　）较发达，中国北方（　　）较发达。

3. 经济工业方面，中国南方（　　）较发达，中国北方（　　）较发达。

4. 气候方面，中国南方（　　），中国北方（　　）。

5. 耕地方面，中国南方以（　　）为主，中国北方以（　　）为主。

扫码得答案

【参考文献】

［1］吉林省建筑设计院．建筑日照设计［M］．北京：中国建筑工业出版社，1979.

［2］陈灵芝．中国植物区系与植被地理［M］．北京：科学出版社，2014.

［3］张荣祖．中国动物地理［M］．北京：科学出版社，2011.

［4］郑连斌，李咏兰，席焕久，等．中国汉族体质人类学研究［M］．北京：科学出版社，2017.

［5］王恩涌，胡兆量，刘岩，等．中国文化地理［M］．北京：科学出版社，2008.

项目六
中华酒文化

知识目标

使学生了解中华酒文化的起源、历史演变、酒的分类和白酒名品、酒的功能等，理解其中所蕴含的文化内涵。

能力目标

使学生能够运用历史视野和人类文化学的相关知识，解析中华酒文化现象，具备较为丰富深厚的中华酒文化素养。

情感态度目标

使学生对中华酒文化产生认同感和热爱之情，民族自豪感和自信心得到提升。同时明确：小酌怡情，狂饮伤身。避免饮酒误事。

任务一　中华酒文化的渊源

知识梳理

中国是卓立于世界的文明古国，是酒的故乡。酒是一种特殊的食品，是属于物质的，但又融于人们的精神生活。中华酒文化以其悠久的历史、博大精深的内涵而在世界酒文化之林中独领风骚，中华酒文化内涵丰富、自成体系，具有较大的精神文化价值。中华酒文化既是一种社会文化，也是一种艺术文化。酒文化对社会生活具有重要的影响和深刻的意义，在中华传统文化中有其独特的地位。

想一想

同学们首先要了解中华酒文化的起源与发展，并知道其深刻内涵，最后探讨中华酒文化的现实意义，激发人们对中华酒文化的研究热情。同学们应如何继承和发扬中华酒文化呢？对于酒的社会功能，同学们要怎样分清利与弊？

一、中华酒文化的起源传说

酒是人类精神文明与物质文明的产物与标志、酒是人的内心世界与外部世界联系的特殊纽带。中华酒文化的历史十分久远，可追溯到远古时代。诗人借酒抒情言志，酒是历代文人吟咏的对象。《诗经》中有“八月剥枣，十月获稻。为此春酒，以介眉寿”的诗句。酒在中华大地出现已有五千多年的历史。酒是一种特殊饮品，也是人们生活中不可缺少的调味剂。关于中华酒文化的起源，有以下几个传说。

1. 上天造酒说

“天有酒星，酒之作也。其与天地并矣。”自古以来，华夏祖先就有酒是天上“酒星”所造的说法。

中国古代天文学家创造了“二十八星宿”的说法，它始于殷商而确立于周。关于“酒旗星座”的说法，《晋书·天文志》中记载：“轩辕右角南三星曰酒旗，酒官之旗也，主享宴饮食。”

素有“诗仙”之称的李白，在《月下独酌·其二》一诗中写道“天若不爱酒，酒星不在天”的诗句；东汉末年孔融在《与曹操论酒禁书》中也有“故天垂酒星之耀，地列酒泉之郡”的说法。经常喝得大醉，被誉为“鬼才”的诗人李贺，在《秦王饮酒》一诗中写出“龙头泻酒邀酒星”的诗句。还有“吾爱李太白，身是酒星魄”等，都曾出现“酒星”这样的说法。

在中国古人心中，上天作为能降福于人的万物主宰者的观念已经根深蒂固。“酒星”促使酒也成为古人的一种思想。华夏祖先能在浩渺的星瀚中观察到这几颗并不怎么明亮的“酒旗星”，并留下许多关于酒旗星的种种记载，这不能不说是一种奇迹，至于为什么取名叫“酒旗星”，大概因为它“主享宴饮食”，这不仅说明华夏祖先有着丰富的想象力，也说明了酒在当时的社会活动中，的确有相当重要的地位。

2. **猿猴造酒说**

猿猴造酒这个说法在中国的许多典籍中都有记载。明代文人李日华的《紫桃轩杂缀》提到黄山猿猴造酒的故事。

无独有偶，清代文人李调元在《粤东笔记》写道：“琼州（今海南岛）多猿……尝于石岩深处得猿酒，盖猿以稻米杂百花所造，一石穴辄有五六升许，味最辣，然极难得。”

清代陆祚蕃在《粤西偶记》写道：“粤西平乐等府山中多猿，善采百花酿酒。樵子入山，得其巢穴者，其酒多至数百石。饮之，香美异常，名曰猿酒。”

这些传说都是讲一群猿猴在野外采摘了许多野果，把吃剩下的野果放在了“石洼”中，堆积的野果在雨水中浸泡使野果的果皮腐烂，而腐烂的野果产生了酵母菌，使野果中的糖分开始发酵，慢慢发酵成了酒浆。

猿猴造酒的传说就是基于这种天然果酒的，不过猿猴造的这种酒，只能说是“造出”了天然的带有酒味的野果酒，跟人们酿制的酒相差甚远，其中有质的不同。猿猴并不是为了酿酒而采果，但大自然神奇的力量却在不经意间创造了这个惊喜。

3. **仪狄造酒说**

在中国，关于酿酒起源的传说中，“仪狄作酒”大概是流传最广的一个。史籍中有多处提到仪狄“作酒而美”“始作酒醪”的记载，似乎仪狄乃制酒之始祖。有古籍记载：“昔者帝女令仪狄作酒而美，进之禹，禹饮而甘之，遂疏仪狄，绝旨酒，曰：‘后世必有以酒亡其国者。’”意思是说：从前，舜的女儿仪狄擅长酿酒，酒味醇美。仪狄把酒献给了禹，禹喝了之后也觉得味道醇美。但是禹因此疏远了仪狄，戒绝了美酒，并且说：“后代一定有因为美酒而使国家灭亡的。”仪狄不但没有获得奖赏，反而落下了一个误国误民的骂名。

还有一种说法叫“仪狄作酒醪，杜康作秫酒”。这里并没有时代先后之分，似乎是讲他们酿的是不同的酒。醪，是一种糯米经过发酵而成的醪糟。性温软，其味甜，多产于江浙一带。如今的不少家庭中，仍自制醪糟。醪糟洁白细腻，稠状的糟糊可当主食，上面的清亮汁液颇接近于酒。秫，高粱的别称。杜康作秫酒，指的是杜康造酒所使用的原料是高粱。如果硬要将仪狄或杜康确定为酒的创始人的话，只能说仪狄是黄酒的创始人，而杜康则是高粱酒的创始人。

4. 杜康造酒说

关于杜康造酒，历史文献多有记载，如《世本四种》云：“杜康造酒。少康作秫酒。”《尚书》的《周书·酒诰》中有“惟天降命，肇我民，惟元祀。”的记载。

杜康，被后人称为“酒神”。曹操的乐府诗《短歌行》中的一句“何以解忧？唯有杜康”，不仅让“杜康”成为酒的代称，还自然成为酿酒的鼻祖，更有中国名酒冠名为“杜康酒”。随着诗句的脍炙人口，杜康造酒说也就流传最广，名气最大。

晋代江统著的《酒诰》中有这样的记载：“酒之所兴，肇自上皇，或云仪狄，一曰杜康，有饭不尽，委余空桑，郁积成味，久蓄气芳，本出于此，不由奇方。”这里说杜康年少时以放牧为生，由于平时能够留心周围的小事，才得以发现了制酒的奥秘。杜康将剩饭放置在桑树洞里，秫米也就越积越多，秫米在洞中发酵后，就有芳香的气味传出，这就是酒的做法。这种芳香液体是杜康根据当时正从头上飞过的鸟声命名为酒的。从此，这段记载在后世流传，杜康便成了中国秫酒的发明者，并被尊为酒业的祖师。秫酒就是用黏性高粱为原料制成的清酒，即粮食造的酒。杜康奠定了中国酒品制造业的基础，被后人尊崇为酿酒鼻祖和酒圣，又被称作酒祖。

杜康善于酿酒，其酿制工艺颇为讲究。《杜康纪闻》记载的“五齐六法”据说就是杜康酿酒的秘方。它要求造酒用的黑秫要成熟，投曲要及时，浸煮要清洁，要取用山泉之水，酿酒器物要优良，火候要适当。民间传唱的一首酒歌据称是杜康所传，歌词称：“三更装糟糟儿香，日出烧酒酒儿旺，午后投料味儿浓，日落拌粮酒味长。”这就是说，在酿酒过程中，对何时投料，何时开火，都非常讲究。

杜康造酒，这种说法除了一些文人这样说以外，在民间也特别流行，原因是古代流传下来的训蒙读本、唱本、宝卷、劝善书之类大都是这样说的。杜康是酒的代名词，因此人们把姓杜名康的这个人当作了酿酒的祖师。

5. **黄帝造酒说**

黄帝是中华民族共同的祖先，很多发明创造都出现在黄帝时期。有这样一种传说，认为早在黄帝时代人们就开始酿酒了。《黄帝内经·素问》中记载了黄帝与岐伯讨论酿酒的情景，《黄帝内经》中还提到一种古老的酒——醴酪，即用动物的乳汁酿成的甜酒。如果真是这样的话，那么酒的酿造就要比杜康、仪狄时代早得多。

关于酿酒的传说，妙趣横生，各说各异。不过这些传说大致可以说明，酿酒早在夏朝或者夏朝以前就存在了。

二、现代对酿酒起源的看法

现代的相关专家认为，酒最早是天然产物，人类不是发明了酒，而是发现了酒。酒里的最主要的成分是酒精，许多物质可以通过多种方式转变成酒精。

谷物中的淀粉在自然界存在的微生物所分泌的酶的作用下，逐步分解成糖分，酒精，自然转变成了谷物酒。

根据考古研究发现，人类酿酒的发展经历了以下几个阶段。

（一）第一代酒：果酒和乳酒

人类酿制的第一代酒是果酒和乳酒。人们将含有糖分且最易获取的野果、兽乳放在容器中，令其自然发酵，含有乙醇的果酒、乳酒便应运而生了。也就是说，第一代人工酿的酒是不添加任何糖化发酵剂，只是将原料收贮以后，在适当温度下令其自然发酵而形成的。

（二）第二代酒：谷物酿造酒

人类酿制的第二代酒是谷物酿造酒。谷物酿造酒是在酿酒原料中添加了糖化发酵剂而发酵成的。这种酒的起源就是谷物（粮食）酿造酒的起源。谷物酿造酒与野果自然成酒不一样。谷物的淀粉在经过糖化以前不能直接发酵，因此谷物酿造酒比起含糖野果发酵要复杂得多。蒸煮粮食，是谷物酿造酒的第一道程序。粮食拌入糖化发酵剂，经过蒸煮后，更有利于发酵。这是谷物酿造酒的第二道程序。第三道程序是在酒窖里对原料进行后期发酵。

（三）第三代酒：蒸馏酒

蒸馏酒与谷物酿造酒相比，在制造工艺上多了一道蒸馏程序，即用特制的蒸馏器将酒液加热。中国的蒸馏酒起源于什么时候呢？有几种不同的说法。

1. 蒸馏酒起源于东汉

上海博物馆收藏了东汉时期的青铜蒸馏器。在安徽滁州也出土了一件类似的青铜蒸馏器。所以有人认为东汉已经有蒸馏酒。

2. 蒸馏酒起源于唐代

目前有关烧酒的文字和文物出现的最早时代是在唐代。唐代的白居易（772—846 年）曾有“荔枝新熟鸡冠色，烧酒初开琥珀香”的诗句；雍陶也有“自到成都烧酒熟，不思身更入长安”的名句。这两位诗人的诗里不仅说到了烧酒，而且表明当时的烧酒已有密闭陈酿，使之老熟的工艺。有些人认为这里所提到的烧酒即是蒸馏酒。

3. 蒸馏酒起源于宋代

宋代的《丹房须知》中描述了蒸馏器。宋代周去非写成的《岭外代答》中记载了一种广西人升练“银朱”的用具，其基本结构与《丹房须知》中的描述大致相同。所以蒸馏酒也可能起源于宋代。

三、不同时代的酒文化

在中华悠久的历史长河中，随着政治、经济、科学技术和文化的发展，不同时期有不同的酒文化。

1. 史前的酒文化

史前时代，原始部落的人们采集的野果在经过长期的储存后发霉，然后形成酒的气味。经过最初的品尝后，他们认为，发霉后果子流出的水也很好喝，于是，就开始了酿酒。原始社会时，酿酒在华夏大地已很盛行，原始社会时的酒，是未经过滤的酒醪，呈糊状和半流质，这种酒不适合饮用，而是食用，故食用的酒具一般是食具，如碗、钵等大口器皿。

2. **商代的酒文化**

商代酿酒业十分发达，出现了专门的酿酒作坊，酿酒技术也有了发展。由此，谷芽（蘖）和长霉的谷物（麹）的利用开始分家。《尚书说》中有“若作酒醴尔惟麹蘖”的论述，反映了当时已用蘖来制造糖化度高、酒化度低的醴，用麹来酿造酒化度较高的酒的状况。

随着青铜器制作技术提高，中国的酒器达到前所未有的繁荣，出现了“长勺氏”和“尾勺氏”这种专门以制作酒具为生的氏族。当时的饮酒风气很盛，特别是贵族饮酒极为盛行。

3. **春秋战国的酒文化**

春秋战国时期，由于铁制工具的使用，生产技术有了很大的改进，农民生产积极性提高，使生产力有了很大发展，物质财富大为增加。这就为酒的进一步发展提供了物质基础。

4. **秦汉的酒文化**

秦代经济繁荣，酿酒业自然就兴旺起来。秦汉时期出现“酒政文化”，统治者提倡戒酒，以减少五谷的消耗，最终却屡禁不止。汉代对酒的认识进一步加宽，酒的用途有所扩大，东汉名医张仲景用酒治病，水平相当高。调和人伦、献谀神灵和祭祀祖先是汉代酒文化内容的一部分。

两汉时期，饮酒逐渐与各种节日联系起来，形成了独具特色的饮酒日，酒曲的种类也更多了。

5. **三国的酒文化**

三国时期作为中华酒文化的发展时期，不论是在酿酒技术、原料，还是在酿酒种类方面都有很大进步，三国时期的酒风极“盛”，陶元珍先生评价三国酒风时曾引用这样一段话：“三国时饮酒之风颇盛，南荆有三雅之爵，河朔有避暑之饮。”

6. **魏晋时期的酒文化**

秦汉时期提倡戒酒，到魏晋时期，酒禁大开，允许民间自由酿酒，私人自酿自饮的现象相当普遍，酒业市场十分兴盛，并出现了酒税，酒税成为国家的财政收入之一，因此就有了“酒财文化”。魏晋时期名士饮酒风气极盛，借助于酒，人们可抒发对人生的感悟、对社会的忧思、对历史的慨叹。酒的作用潜入人们的内心深处，从而使酒的文化内涵也随之扩展了。

此外，魏晋时期出现了“曲水流觞”的习俗，为中华酒文化增添了新的内容。

7. **隋唐的酒文化**

隋唐时期的酒文化使酒与文人墨客大结缘。唐代诗词创作繁荣，对酒文化有促进作用，出现了辉煌的“酒章文化”，酒与诗词、酒与音乐、酒与书法、酒与绘画等，相融相兴。唐代是中华酒文化的高度发达时期，唐代酒文化底蕴深厚，多姿多彩，辉煌璀璨。“酒催诗兴”是唐代文化最凝练、最高度的体现，酒催发了诗人的诗兴，从而内化在其诗作中，酒也就从物质层面上升到精神层面，酒文化在唐诗中酝酿充分，品味醇久。唐代酒肆日益增多，酒令风行，酒文化融入了中国人的日常生活。

8. **宋代的酒文化**

宋代酒文化既是唐代酒文化的延续和发展，又比唐代的酒文化更丰富，更接近现代的酒文化，其酒业繁盛、酒店遍布。

9. **明清的酒文化**

明清时期，酒已成为人们生活中不可缺少的饮品，每逢佳节、节令，“专用酒”十分流行，如中秋饮桂花酒、重阳饮菊花酒。清代有“酒品之乡，京师为最”之说，当时京城的达官贵人们比较崇尚饮用黄酒，中下层百姓则多喜欢饮用价廉味浓的烧酒。

明清两代是中华酒文化的一个高峰，饮酒特别讲究“陈”字，“酒以陈者为上，愈陈愈妙”。此外，酒令五花八门，花草鱼虫、诗词歌赋、戏曲小说、时令风俗无不入令，把中华酒文化从殿堂推向了民间。

10. **近现代的酒文化**

近代，中国开始建设专业化葡萄酒厂。中国著名的葡萄酒品牌“张裕葡萄酒”在这一时期兴起。当时由于葡萄酒主要供少数人饮用，所以发展受到一定限制。另外，中国专业啤酒生产在这一时期也开始兴起。

中华人民共和国成立后，酒业得到了迅速发展，在产量、品质、制造工艺、技术研究等方面都有了空前的增长和提高。

现在，人们的饮酒行为更为普遍，酒广泛地融入了人们的生活，贴近“生活”的中华酒文化得到了空前的丰富和发展。

文化品鉴魅力

酒神精神与文学艺术

酒，作为一种特殊的商品，在人类的历史文化长河中，它已不仅是一种客观的物质存在，更是一种文化的象征，即酒神精神的象征。

中国是酒的故乡，也是诗的国度。诗从产生开始，就与酒结下了不解之缘。中国古典文学作品中，酒成为文人经常吟咏的题材，借酒劝世、傲世、消愁、韬晦、表现名士风流成为永恒的主题。古代帝王祭祀山川、祖宗和举行朝廷大典，都献酒诵诗。古往今来，在中国诗酒文化形成的过程中，涌现出许多传诵至今的佳话。翻开中国的文学史，历代诗人墨客饮酒赋诗，可谓诗中有酒，酒中出诗。从《离骚》到《女神》，有关酒的描写比比皆是。魏晋时期，曹操的“对酒当歌，人生几何”，“何以解忧？唯有杜康”，成为广为传诵的名句。东晋诗人陶渊明的诗有一半谈到酒，如“试酌百情远，重觞忽忘天”。唐代诗歌大盛，诗人们嗜酒成风。诗仙李白流传下来约1000首诗，其中说到饮酒的约有170首，诗圣杜甫共写诗约1500首，与酒有关约有300首。杜甫的名句“李白斗酒诗百篇，长安市上酒家眠，天子呼来不上船，自称臣是酒中仙”大家耳熟能详。白居易的名作《琵琶行》，是在他饮酒微醉中写成的。无独有偶，北宋诗人苏轼在山东密州，中秋节饮酒，喝到微醉时，诗兴大发，写下豪迈悲凉的千古绝唱“明月几时有？把酒问青天”。苏轼写有“俯仰各有态，得酒诗自成。”的诗句，而杨万里则有“一杯未尽诗已成，诵诗向天天亦惊。”的诗句，宋代诗人张元千有“雨后飞花知底数，醉来赢取自由身。”的诗句，毛泽东有“把酒酹滔滔，心潮逐浪高！”的著名诗句。这些诗句都充分表明酒是诗人想象的翅膀。酒能使人脱离世俗的困扰，写出真情的诗篇。中国诗酒文化，逐渐发展成为一个独立文化体系。

不仅诗歌如此，在绘画和书法艺术中，酒神精神更是无处不在。“书圣”王羲之醉酒时挥毫而作《兰亭集序》，“遒媚劲健，绝代更无”，而至酒醒时“更书数十本，终不能及之”。“吴带当风”的画圣吴道子，作画前必酣饮大醉方可动笔，醉后为画，挥毫立就。李白写醉僧怀素：“吾师醉后倚绳床，须臾扫尽数千张。飘风骤雨惊飒飒，落花飞雪何茫茫！”怀素酒醉泼墨，方留其神鬼皆惊的《自叙帖》。草圣张旭“每大醉，呼叫狂走，乃下笔”，于是有其《古诗四帖》。“元四家”中的黄公望也是“酒不醉，不能画”。清代画家郑板桥的字画不能轻易得到，于是求画的人拿狗肉与美酒款待，在郑板桥的醉意中求字画者便可如愿。

可以说，酒在一定程度上为中华文化增加了灵气。

说一说

同学们你知道哪些与酒有关的诗词和故事？

任务二　酒的分类和白酒名品

知识梳理

酒是中国传统悠久而又独具特色的产品。自古以来中国的酒类制造工艺丰富多彩，酒的风格千姿百态，各具特点。因为原材料、制造工艺、生产目的等方面的区别，形成了不同分类标准、不同类别的酒。酒的风格是由色、香、味三大要素组成。中华酒文化内含丰富、自成体系。人们日常生活中谈到酒的香型，通常是指白酒而言。为了加强管理，提高质量，相互学习，做好评比，结合中国国情，中国对白酒的香型进行了较系统的研究，并经酿酒界和相关专家认可。白酒的香型逐渐为国内广大消费者所接受。

想一想

同学们首先要了解酒的分类标准，并知道其中的差别，其次学习中国白酒的香型及其特点，然后学习中国白酒的名品及其特点，继承和发扬中华酒文化。

一、酒的分类标准

酒的分类可以按照不同的标准进行划分，例如，按制造工艺、酒精含量、商业经营、酒的质量、香型分为不同的类型。

1. 按制造工艺分类

（1）酿造酒。酿造酒是指以水果、谷物等为原料，经发酵后过滤或压榨而得的酒。一般都在20度以下，刺激性较弱，如葡萄酒、啤酒、黄酒等。

（2）蒸馏酒。蒸馏酒又称烈性酒，是指以水果、谷物等为原料先进行发酵，然后将含有酒精的发酵液进行蒸馏而得的酒。蒸馏酒度数较高，一般均在20度以上，刺激性较强，如白兰地、威士忌、中国的各种白酒等。

（3）配制酒。配制酒是指在各种酿造酒、蒸馏酒或食用酒精中加入一定数量的水果、香料、药材等浸泡后，经过滤或蒸馏而得的酒。如杨梅烧酒、竹叶青、三蛇酒、人参酒、利口酒、味美思等。

2. 按酒精含量分类

酒的度数表示酒中含乙醇（酒精）的体积百分比，通常是以温度在20℃时的体积比表示的，例如，50度的酒，表示在100毫升的酒中，含有乙醇50毫升。表示酒精含量也可以用重量比，重量比和体积比可以互相换算。

一种分类是按酒精含量划分，把所有的酒分为高度酒、中度酒、低度酒三种。

（1）高度酒。高度酒是指酒精含量在40度以上的酒。

（2）中度酒。中度酒是指酒精含量在20～40度的酒。

（3）低度酒。低度酒是指酒精含量在20度以下的酒。

另外一个分类是按白酒的酒精含量划分，将白酒分为高度白酒和低度白酒两类。高度白酒是中国传统生产方法所形成的白酒，酒精度数在41～55度，一般不超过65度。低度白酒采用了降度工艺，酒精度数一般在38度，也有20多度的。

中国白酒的酒精度数早期很高，有67度、65度、62度。度数这样高的酒在世界其他国家是罕见的。后来，国家提倡降低白酒度数，有不少较大的酒厂，已试制成功了39度、38度等低度白酒。低度白酒投入市场初期，大多数消费者不太习惯，饮用起来总觉着不够味儿，“劲头小”。20世纪90年代初，城市消费者已经开始习惯饮用低度白酒，其在宴席上已经逐渐成为一种较受欢迎的酒了。

3. 按商业经营分类

中国酒通常采用商业经营的分类方法，将酒分为下列五类：

（1）白酒。白酒是以谷物为原料的蒸馏酒，因酒度数较高而又被称为“烧酒”。其特点是无色透明、质地纯净、醇香浓郁、味感丰富。

（2）黄酒。黄酒是中国生产的传统酒类，是以糯米、大米（一般是粳米）、黍米等为原料的酿造酒，因其酒液颜色黄亮而得名。其特点是醇厚幽香，味感谐和，越陈越香，营养丰富。

（3）果酒。果酒是以水果、果汁等为原料的酿造酒，大都以果实名称命名，如葡萄酒、山楂酒、苹果酒、荔枝酒等。其特点是色泽娇艳，果香浓郁，酒香醇美，营养丰富。

（4）药酒。药酒是以成品酒（以白酒居多）为原料再加入各种中草药药材浸泡而成的一种配制酒。药酒是一种具有较高滋补、营养和药用价值的酒精饮料。

（5）啤酒。啤酒是以大麦、啤酒花等为原料的酿造酒。其特点是具有显著的麦芽和酒花清香，味道纯正爽口，营养价值较高，促进食欲，帮助消化。

4. 按酒的质量分类

（1）中国名酒。国家评定的质量最高的酒，白酒的全国评比共进行过五届。茅台酒、汾酒、泸州老窖、五粮液等酒在历届全国评酒会上都被评为中国名酒。

（2）国家级优质酒。国家级优质酒的评比与中国名酒的评比同时进行。

（3）各省、部评比的名优酒。

（4）一般白酒。一般白酒在酒类中是大多数，价格低廉，为广大百姓所接受。大部分一般白酒质量也不错。

5. 按香型分类

目前，白酒的香型主要分为酱香型、浓香型、清香型、米香型、凤香型、兼香型和其他香型。前四种香型比较成熟，趋于标准化和定型化。

知识拓展

果酒除了葡萄酒还有什么种类?

果酒起源很早，在人类酿酒史中最为悠久，史籍中记载了“猿猴造酒”的传说。“猿猴造酒”听来近乎荒唐，其实很有科学道理。成熟的野果坠落下来后，由于受到果皮上或空气中酵母菌的作用而生成酒，猿猴居深山老林中，完全有可能遇到成熟后坠落发酵而带有酒味的果子，这样才有了“猿猴造酒”的传说。

现在，果酒泛指以各种果品和野生果实，如葡萄、梨、橘、荔枝、甘蔗、山楂、杨梅等为原料，采用发酵酿制法制成的各种低度饮料酒。果酒基本以原料来命名。

1. 山楂酒类：山楂又名红果，酿酒后酒色鲜艳，酸味爽口，味醇厚而悠长，风味突出。适量饮用山楂酒具有消积、健脾、开胃的功效。

2. 苹果酒类：是用国光、红香蕉、黄香蕉、红玉等品种的苹果酿制的酒。酒液呈琥珀色，有苹果的芳香；风味显著，味甜稍带酸，酒液中除含有苹果中的一些营养成分外，还有丰富的维生素以及苹果酸和柠檬酸。苹果酸对防止动脉硬化有一定作用。

3. 柑橘酒类：此类酒是以柑橘为原料酿制的酒，主要产于南方各省。柑橘酒酒液橙黄或淡黄，色泽鲜艳，有显著的柑橘香气，味鲜美甜醇。

4. 莓酒类：中国莓类甚多，既有野生品种，又有栽培品种，色泽鲜艳，浆汁饱满，故酿出的酒酒液色泽艳丽，具有独特的浓郁芳香。

5. 杨梅酒类：杨梅是中国长江以南的一种特产果品，有栽培和野生品种。所酿之酒酒液鲜红，有杨梅的自然芳香。

6. 荔枝酒和菠萝酒类：荔枝、菠萝是中国南方气温较高地区的特产果实。其酒液有鲜果芳香、甜美的独特风味。

7. 桑葚酒类：中国南方各省种植桑树颇多，利用其果桑葚酿酒是物尽其用。桑葚酒色泽红艳，有桑葚的风味，甜美可口。

此外，还有许多常见果实如梨、杏等酿制的果酒以及维生素C含量丰富的猕猴桃酒等。

二、中国白酒的香型及其特点

世界著名的六大蒸馏酒分别是中国白酒、白兰地、威士忌、朗姆酒、伏特加和金酒。中国白酒具有特殊的不可比拟的风味，在生产工艺上比世界各国的蒸馏酒都复杂得多，原料各种各样，酒的特点也各有风格，酒名也多种多样。

白酒的香型主要取决于制造工艺、发酵、设备等条件。用什么样的制造工艺、发酵方法和什么样的设备，就能生产什么样香型的酒。白酒的香型分为酱香型、浓香型、清香型、米香型和其他香型五种。（1993年国家又颁布了“兼香型”和“凤香型”）。前四种香型比较成熟，趋于标准化和定型化。除前四种香型外，还有不少具有自己特点的好酒，其香气、口味、工艺不仅不同于已定香型的酒，而且有自己特殊的工艺、风味。

1. 酱香型白酒

酱香型白酒因有一种类似豆类发酵时的酱香味而得名。因源于茅台酒工艺，故又称茅香型。原料有高粱（酿酒）、小麦（制大曲），大曲工艺是用高温曲做糖化发酵剂，原料清蒸，采用多次发酵多次蒸酒，用曲量大，入窖前采用堆集工艺，窖池是石壁泥底等，贮存期三年以上。

酱香型白酒的各种芳香物质含量都较高，而且种类多，香味丰富，是多种香味的复合体。启瓶时，首先闻到幽雅而细腻的芬芳，这就是前香；继而细闻，又闻到酱香，且夹带着烘炒的甜香，饮后空杯仍有一股香兰素和玫瑰花的幽雅芳香，而且5~7天不会消失，美誉为空杯香，这就是后香。前香、后香相辅相成，浑然一体，卓然而绝。酱香型白酒酒质特点为酒液无色或微黄、透明清亮、酱香味突出，空杯留香，经久不散，口味醇厚、丰满，回味悠长。

2. **浓香型白酒**

浓香型亦称泸香型、五粮液香型，以泸州老窖及五粮液为代表，属大曲酒类。浓香型白酒是以高粱、小麦、大米等谷物为原料，制大曲用中温，原料混蒸混烧，用曲量为20%左右。

浓香型白酒酒液为无色或微黄色，清亮透明。浓香型白酒的特点可用六个字、四句话来概括：六个字是香、醇、浓、绵、甜、净；四句话是窖香浓郁、清洌甘爽、绵柔醇厚、香味协调。

3. **清香型白酒**

清香型又称汾香型，以山西省汾阳市杏花村的汾酒为典型代表。清香型白酒原料除高粱外，制曲用大麦、豌豆，制曲的温度不得超过50℃，并用清蒸工艺、地缸发酵，贮存期是一年。清香型白酒入口绵，落口甜，香气正。清香型白酒的标准是清香纯正、醇甜柔和、余味爽净。清香型白酒酒液无色、清亮透明。

4. **米香型白酒**

米香型亦称蜜香型，以桂林三花酒为代表。米香型白酒，其原料为大米，以大米制成的小曲为糖化发酵剂，不加辅料，发酵工艺为半液态发酵。酒质特点为酒液呈琥珀色，口味清雅，入口绵甜，落口爽净。米香型白酒内含有高级脂肪酸乙酯，气温在10℃以下时，这种高级脂肪酸乙酯遇冷会沉淀析出，使酒内出现乳白色絮状悬浮物，当气温一回升，悬浮物即溶解在酒中，酒色就又恢复清亮透明。

5. **凤香型白酒**

凤香型白酒以陕西省宝鸡市凤翔县的西凤酒为代表。凤香型白酒以高粱为原料，以大麦和豌豆制成的中温大曲或麸曲和酵母为糖化发酵剂，采用土窖发酵（窖龄不超过一年），酒海容器贮存等酿造工艺酿制而成。酒质特点为酒液无色、清澈透明，味道醇香秀雅、诸味协调。

6. 兼香型白酒

兼香型白酒以安徽淮北市的口子窖为典型代表。兼香型白酒又称复香型、混合型白酒，是指具有两种以上主体香的白酒，具有一酒多香的风格，一般均有自己独特的制造工艺。口子窖酒味道甘美，饮用后心旷神怡，素有“隔壁千家醉，开坛十里香”的美誉。

7. 其他香型白酒

除了以上六种主要香型的白酒外，其他香型白酒因为其工艺独特、风格独具，所以对其香型的定义及主体香气成分有待进一步确定。细分的话，比较出名的有以下几种。

（1）董香型。又称药香型，以贵州遵义的董酒为典型代表。这种香型的白酒以高粱、稻谷为原料，以小麦制成的大曲、大米制成的小曲，两种曲作为糖化发酵剂，而且曲中加入多种中药材采用小曲由小窖制成酒醅，大曲由大窖制成香醅，双醅串蒸的酿造工艺酿制而成。酒质特点为酒液无色、透明，口味既有大曲酒的浓郁芳香，又有小曲酒的柔绵醇和，有药香味，诸味协调，回味悠长。

（2）豉香型。以广东佛山的豉味玉冰烧为典型代表。这种香型的白酒以大米为原料，以酿制成的小曲酒为基础酒，放入陈年酒缸浸渍而成。酒质玉洁冰清，豉香纯正，诸味协调，入口醇和，余味甘爽。

（3）芝麻香型。以山东省安丘市景芝镇的一品景芝为典型代表。这种香型的白酒以高粱为原料，以小麦制成的中温大曲为糖化发酵剂，通过采用特殊工序制成的有芝麻香味的窖池发酵酿制而成。酒质特点为酒液无色透明，香气袭人，芝麻香味突出。

（4）特香型。以江西省樟树市的四特酒为典型代表。这种香型的白酒以大米等为原料，以小麦制成中温大曲为糖化发酵剂，采用地窖发酵，醅香蒸酒，老酒为底，勾兑调味的酿造工艺酿制而成。酒质特点为酒液无色透明，香味清雅，口感醇甜绵软。

（5）老白干型。以衡水老白干为典型代表，多数中国北方白酒属于这种香型。老白干型的白酒以高粱为原料，采用地缸发酵。酒质特点为酒液无色透明，气味芳香，口味醇厚，后劲悠长。

白酒香型的划分并没有绝对的定论，随着科学技术的进步、酿酒工业的发展，白酒的香型也必将更加丰富多彩。食品中的植物的香味是多种多样的，相信酒的香味也会不断发展、不断增加，出现百花齐放的局面。

知识拓展

如何选购白酒

在选购、饮用白酒产品时应注意以下几点：

1. 查看外包装：优质白酒的外包装箱整齐、坚硬，箱内有防震、防撞的间隔材料，箱体图案印制精美，字迹清楚。

2. 查看标签：根据食品标签标准要求，生产者应当在白酒标签上标注酒名、生产者名称、地址、产品标准号与质量等级、配料表、酒精度、净含量、香型、生产日期、规格、生产许可证编号等。

3. 查看酒瓶：优质酒瓶，表面光洁度好，玻璃质地均匀。

4. 查看酒体：倒置酒瓶对着阳光或灯光看是否有杂质，正常白酒应是无色、透明、无悬浮物和沉淀物。

5. 闻酒香：将酒液倒入杯中，用鼻子贴近杯口，辨别香气的高低和香气特点。

6. 品酒味：喝少量酒并在舌面上铺开，分辨味感的薄厚、绵柔、醇和、粗糙以及酸、甜、甘、辣是否协调。低档劣质的白酒一般是用质量差或发霉的粮食做原料，制造工艺粗糙，喝着呛嗓、上头。

三、中国白酒的名品

中国白酒的名称繁多，命名方式各不相同。有的用原材料来命名，如高粱酒、大曲酒、瓜干酒，就是分别用高粱、大曲、瓜干为原材料生产出来的酒。有的用产地来命名，如茅台、汾酒、景芝白干、曲阜老窖、兰陵大曲等。有的用名人来命名，如杜康酒、范公特曲等。有的按发酵、贮存时间长短来命名，如特曲、陈曲、头曲、二曲等。还有的按照制造工艺的特点来命名，如二锅头、回龙酒等。

第一届全国评酒会评比出中国的四大名酒，分别是茅台酒、汾酒、泸州老窖、西凤酒。在后来的全国评酒会上评出来中国十大名酒，它们是：茅台酒、五粮液、剑南春、泸州老窖、西凤酒、汾酒、古井贡酒、董酒、洋河大曲、郎酒。中国名酒是国家评定的质量最高的酒。除了“国家名酒”以外，还有“国家级优质酒”，国家级优质酒的评比与国家名酒的评比同时进行。本书主要介绍十大白酒名品。

1. **茅台酒**

茅台酒产于中国西南贵州省仁怀市茅台镇，是中国酱香型白酒的典范。茅台酒历史悠久、源远流长。茅台酒素以色清透明、醇香馥郁、入口柔绵、清洌甘爽、回香持久等特点而名闻天下，被称为中国的"国酒"。茅台酒与法国科涅克白兰地、英国苏格兰威士忌并称世界三大（蒸馏）名酒，是中国大曲酱香型白酒的鼻祖和典型代表。独特的空气、气候、地理、水文环境，使茅台酒不能异地生产，茅台酒在中国白酒行业也是绝无仅有。

2. **五粮液**

五粮液，原名为"杂粮酒"，产于四川省宜宾五粮液酒厂，该酒由高粱、大米、糯米、小麦和玉米五种谷物为原料酿制而成，相传创始于明代。现在该厂还有明代留传下来的酿酒老窖。五粮液四次被评为中国名酒。五粮液用"五粮配方，小麦制曲，人工培窖，双轮低温发酵，量质摘酒，按质拼坛，分级储存，精心勾兑"的独特技术和悠久的传统工艺精酿而成，五粮液具有香气悠久、滋味醇厚、进口甘美、入喉净爽、各味谐调的风格，让人回味无穷。五粮液属浓香型酒。

3. **剑南春**

剑南春产于四川省绵竹市酒厂，属浓香型，是中国有悠久历史的名酒之一，其前身当推唐代名酒剑南烧春。唐代以"春"命名酒，绵竹作为当时剑南道属下的一个县，剑南春由此得名。相传唐代李白曾在绵竹"解貂赎酒"，有"士解金貂，价重洛阳"的佳话。剑南春问世后，质量不断提高，1979 年第三届全国评酒会上，首次被评为中国名酒。剑南春以高粱、大米、糯米、玉米、小麦五种谷物为原料，经精心酿制而成。特点为芳香浓郁，醇和回甜，清洌净爽，余香悠长。

4. **泸州老窖**

泸州老窖产于四川泸州，是浓香型大曲酒的典型代表，以醇香浓郁、清洌甘爽、饮后尤香、回味悠长的独特风格闻名于世。酒厂最老的窖已有 400 多年的历史，筑窖时对泥质要求是必须黏性好，磷、氮含量丰富的肥沃土壤，适宜细菌的繁殖。窖越老，菌越多，采用老窖发酵续糟配料所以酒香很浓。喝泸州老窖时无辛辣感，只觉回肠转气、香沁肌骨。

5. **西凤酒**

西凤酒产于陕西省宝鸡市凤翔县西凤酒厂。西凤酒是"凤香型"白酒的典型代表。西凤酒是中国和世界上最古老的酒种之一。西凤酒以当地特产高粱为原料，用大麦、豌豆制曲。西凤酒无色，清亮透明，醇香芬芳，清而不淡，集清香、浓香于一体，诸味谐调，回味舒畅，风格独特。被誉为“酸、甜、苦、辣、香五味俱全而各不出头”。曾四次被评为中国名酒。

6. **汾酒**

汾酒产于山西省汾阳市杏花村汾酒集团，汾酒属清香型白酒。汾酒文化源远流长，是晋商文化的重要一支。汾酒历史上有过四次成名。早在1500多年前的南北朝时期，汾酒就作为宫廷御酒受到北齐武成帝的推崇而一举成名。唐代大诗人杜牧的千古绝唱“借问酒家何处有？牧童遥指杏花村”使汾酒再度成名。1915年，汾酒在巴拿马万国博览会上一举荣获甲等金质大奖，成为酒品至尊。2007年，汾酒继续蝉联中国名酒。

7. **古井贡酒**

古井贡酒产于安徽省亳州市古井酒厂。古井贡酒属于浓香型白酒，具有“色清如水晶，香醇如幽兰，入口甘美醇和，回味经久不息”的特点。安徽省亳州市多盐碱，水味偏苦涩。古井酒厂内有一口古井，该井之水清澈甜美，用井水酿酒，酒香浓郁，甘美醇和，该井被称为“天下名井”。明代万历年间，当地的美酒就曾贡献皇帝，因而就有了“古井贡酒”这一美称。

8. **董酒**

董酒产于贵州省遵义市，是独树一帜的高品质健康名酒典范。董酒是中国白酒中酿造工艺最为特殊的一种酒。董酒，秉承“药食同源”“酒药同源”的脉络，采用优质高粱为原料，特选130多种纯天然草本植物参与制曲，采众家制曲之长，集酿造工艺之优，药香经过发酵、蒸馏而进入酒中，酿造出酒质独特的“药香酒”。董酒既有大曲酒的浓郁芳香，又有小曲酒的柔绵、醇和、回甜，还有微微的、淡雅舒适的药香和爽口的微酸，酒体丰满协调。董酒在全国第二、三、四、五届评酒会上四次蝉联中国名酒称号。2008年8月由国家主管部门正式确定“董香型”白酒地方标准，董酒更是国内“董香型”白酒的典型代表。

9. **洋河大曲**

洋河大曲产于江苏省洋河酒厂，用当地“美人泉”的水酿制而成。洋河大曲酒液无色透明，醇香浓郁，余味爽净，回味悠长，是浓香型大曲酒，以其入口甜、落口绵、酒性软、尾爽净、回味香的特点闻名中外。在1979年第三届全国评酒会上，洋河大曲以“甜、绵、软、净、香”的独特风格，一跃成为中国名酒，55度洋河大曲荣获中国名酒称号。在 1984 年、1989 年第四届、第五届全国评酒会上，洋河大曲蝉联了中国名酒三连冠，55 度、48 度、38 度洋河大曲荣获国家质量奖三块金牌，28 度洋河大曲荣获国家质量奖银牌。

10. 郎酒

郎酒产于四川郎酒集团。郎酒香型素有“一树三花”之称，分别是浓香型、酱香型、兼香型。郎酒是中国名酒园中的新秀，郎酒在 1963 年被评为四川省名酒；在 1979 年第三届全国评酒会上，被评为国家级优质酒；在 1984 年第四届全国评酒会上，郎酒以它独特的香型和风味而闻名全国，首次荣获中国名酒的桂冠，并获金奖。郎酒的特点是：酒液清澈透明，酱香浓郁，醇厚净爽，入口舒适，甜香满口，回味悠长。

说一说

同学们还知道哪些品牌的中国白酒？它们有哪些特点？看谁说得又多又好。

做一做

各个国家和地区都有独具特色的酒类品种。饮酒本来是依据个人喜好而定的事情，但是大家好像有一个共识，就是从区域上来分，北方人喜欢喝度数较高、猛烈辛辣的白酒，南方人更偏爱度数较低、回味悠长的黄酒。但是在市场上销售的名酒，它们的产地却大部分在南方，这又是为什么呢？

任务三　酒的功能与科学用酒

知识梳理

俗话说：“无酒不成席。”自古以来，在中国的各种宴会上就几乎没有少过酒。酒这种特殊商品几乎渗透到社会生活的各个领域，从日常生活的婚礼、迎宾、谢师、访友、聚会到外交以及商务活动的签约，都离不开酒。也正因为如此，酒在诞生以来的几千年里绵延不绝，长盛不衰。

想一想

是什么使酒在社会生活中几乎无处不在？酒又有什么样神奇的功能渗透到社会生活的方方面面呢？

酒的功能有交际礼仪功能、医药功能刺激功能和娱乐功能。

一、酒的交际礼仪功能

人要在现实生活中生存、发展，就要不断与社会中的各种人打交道，以解决各自需要解决的问题，这就是社会交际。酒作为礼的延续就成为人们表达情感、相互交流的媒介。人们生活中举行迎宾宴客、亲友欢聚、祝捷庆功、感恩谢师、签约定盟、婚丧嫁娶等活动时，在酒桌上酒会显现出一定的交际礼仪功能。

知识拓展

酒桌上需要注意哪些礼仪

1. 酒桌上座次有讲究，面门居中为主座，一般是长辈和领导的座位。

2. 1 ~10 个座位排列如下。

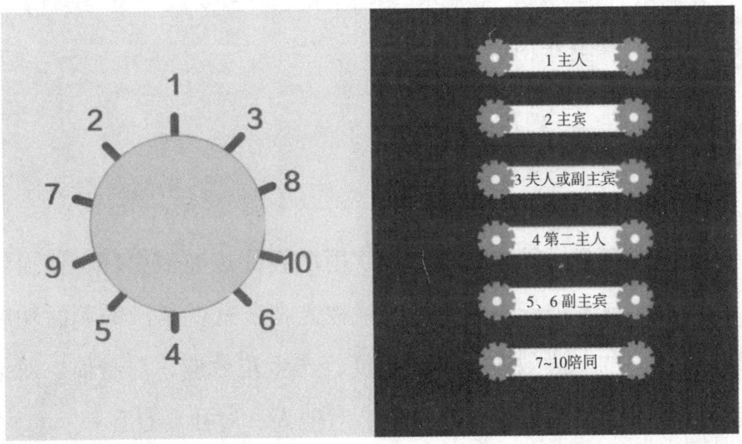

3. 不要用自己的筷子给客人搛菜。

4. 不要随意吸烟。

5. 不要大声喧哗。

6. 不要在餐桌上补妆。
7. 不要在餐桌上剔牙。
8. 不要强行让客人喝酒，要委婉地表达。
9. 温馨提示：对开车人员不要劝酒。

二、酒的医药功能

中国中医素有“医源于酒”和“医食同源”的说法。人类经过漫长岁月的苦苦探索，甚至付出生命的代价，终于辨识出食物和药物，也认识到有些食物具有食、药两用的性质。这其中包括天然发酵的水果酒的食、药两用功能。除此之外，人们喝了酒以后，酒精的刺激作用使人有欢欣、飘飘欲仙之感，因而酒被称为“天之美禄”。

酒与医药的关系还可以从繁体字中体现出来。医本作“醫”，而“酉”本为盛酒之器，“医”和“酉”表示酒是内服药。“醫”字的构造就充分说明了酒与医药的关系。酒曾被用在麻醉剂中，华佗用的“麻沸散”，是世界上最早的麻醉药。病人只要在手术前用酒冲服这种药，就可以免除手术中的痛苦。

在现代外科医学中，酒也占有重要地位，如碘酒（用于皮肤消毒、蚊虫咬伤和生疖子等）、牙痛水、痱子水、虫咬水、花露水等的主要成分也是酒精，没有酒精，它们的止痒、消炎、除臭作用就很难发挥。

三、酒的刺激功能

酒的主要成分是乙醇，俗称酒精。人饮用后会促进血液循环，使血流加快，血管扩张，心跳加快，刺激神经中枢，使人精神亢奋。这就是酒的刺激功能。刺激功能的强弱会产生不同的刺激效应：刺激适度，产生正效应，对身体、对他人、对社会有益；刺激过度，产生负效应，对身体、对他人、对社会有害。

适量饮用，刺激适度，酒产生的是正效应。这时酒是人的才能、智慧、勇气、谋略的催化剂。它激发人们的潜能，成就人们的事业，对社会起到积极的作用。

“李白斗酒诗百篇”，说明了酒对具有文学才能之人创作灵感的激发和产生文学作品的关系。对大诗人李白来说，酒的刺激会使似醉非醉的他产生创作灵感、创作冲动而文思泉涌。很多想象奇特、构思精巧、佳词丽句的优美诗篇就是在这朦胧醉意中产生的。像李白这样借酒的刺激写出旷世名篇的大诗人、文学家还有杜甫、白居易、陶渊明、苏东坡、陆游等。被称为“草圣”的大书法家张旭，“书圣”王羲之，大画家吴道子、钱选、唐伯虎、郑板桥等都是喜欢酒后作书、作画而佳作频出。他们都用他们的不朽作品为丰富中国的艺术宝库做出了卓越的贡献。

“醉斩白蛇起义”而成为皇帝的汉高祖刘邦、借醉酒“陈桥兵变”龙袍加身的宋太祖赵匡胤、“酒酣气益震”刺杀秦始皇的荆轲、景阳冈“酒醉打老虎”的武松，这些故事说明了酒能增加人的勇气、胆略，激发人的潜能。

但是，过量饮用，刺激过度，酒会产生负效应。这时酒对人的神经产生麻痹作用，使人丧失理智，行为失控，对自己的身体健康、对他人、社会产生有害影响。

文化品鉴魅力

酒诗词填空

________，欲饮琵琶马上催。

________，不知何处是他乡。

烟笼寒水月笼沙，________。

________，去年天气旧亭台。

________，丰年留客足鸡豚。

________，西出阳关无故人。

________，人生几何！

今日听君歌一曲，________。

________？牧童遥指杏花村。

________，梦回吹角连营。

千里莺啼绿映红，________。

________，青春作伴好还乡。

长风万里送秋雁，________。

抽刀断水水更流，________。

________，玉碗盛来琥珀光。

________，独酌无相亲。________，对影成三人。

艰难苦恨繁霜鬓，________。

________？杨柳岸，晓风残月。

主人下马客在船，________。

扫码得答案

四、酒的娱乐功能

酒的娱乐功能就是借助酒精的刺激使人精神亢奋，并在饮酒过程中开展各种活动，使人们更加欢乐、开心。凡是有酒的场合大都是欢声笑语、其乐融融。部分场合下没有酒的刺激，人们的情绪就激发不起来，欢乐气氛也调动不起来。而有了酒，就会有很多劝酒助兴的娱乐活动如猜拳、行令、吟诗、作赋等，把酒宴中的欢乐气氛推向高潮。

五、酒的危害

酒的危害就是过量饮酒后，酒精对人大脑产生麻痹作用（醉酒），大部分人会胡言乱语、行为失控，对自身、对他人、对社会有害。上文说了酒的益处，说了酒对人、对社会的好处。但是，世界上的任何事物都是一分为二、有利有弊的。水能载舟，亦能覆舟；药可以治病，但过量会产生副作用，对人身体健康不利；食盐对人不可缺少，但吃多了会引起高血压。这就是事物对人适量有益、过量有害的例证。酒也不例外。

（一）过量饮酒（酗酒）对人的身体健康有害

古人很早就知道了过量饮酒对人的身体健康的危害。据现代医学证明，长期过量饮酒可造成对人体肝脏、神经系统、内分泌系统的危害，这是必须要引起注意的。

（二）过量饮酒带来社会问题

所谓社会问题，是指因酗酒闹事使家庭、社会不得安宁，使周围人群遭受其干扰伤害等。中国因酗酒引起的家庭暴力、打架斗殴、交通事故时有报道。显然，这是不利于我们建设社会主义和谐社会的。

（三）过量饮酒易造成酒祸、酒过、酒失

过量饮酒，当人体血液中的酒精达到一定浓度时，就会使大脑皮质受到抑制，中枢神经控制力减弱，人就表现得兴高采烈，手舞足蹈，口若悬河，滔滔不绝，但其识别力、注意力、记忆力、洞察力与自控力都变得很差。这时该说的、不该说的什么都说；能做的、不能做的什么都做。失言、失礼、失德之事就常在此时发生，使人际关系、亲情友情、本职工作、社会秩序、自身形象受到影响，甚至可能伤人害己，造成无法弥补的严重后果。

六、趋利避害，科学用酒

酒因对人、对社会有益而被一些人尊为“天之美禄”“生命之水”“忘忧物”……酒也因为对人、对社会有害而被一些人贬为“液体砒霜”“百病之源”……

这显然都不是正确的态度。正确的态度是：我们不能因酒具有有益功能而“嗜酒”“贪杯”；也不能因酒具有有害的一面而贬低酒。学习酒的功能是为了让大家对生活中无处不在的酒有一个全面的认识，对酒的功能有一个客观的评价，对酒的生产、消费有一个正确的态度，从而趋利避害，科学用酒。

说一说

同学们还知道哪些有关酒的诗词？看谁说得又多又好。

任务四　酒与民俗

知识梳理

酒，对于中国人来说，有着特殊的、无法割舍的情结。中国在几千年酒文化的发展进程中，形成了许多饮酒习俗。例如，重大节日、婚嫁等场合需要饮用不同的酒来烘托气氛。

想一想

民间日常生活中有很多场合都离不开酒，例如结婚生子、盖房、开业分红、壮行谢罪，不同的场合都有哪些饮酒习俗呢？

一、重大节日的饮酒习俗

中国人一年中的几个重大节日，都有相应的饮酒活动，如春节饮“屠苏酒”，端午节饮“雄黄酒”，重阳节饮“菊花酒”，中秋节饮“团圆酒”。

（一）春节

王安石在《元日》一诗中写道：“爆竹声中一岁除，春风送暖入屠苏。千门万户曈曈日，总把新桃换旧符。”“屠苏”原是草庵之名。相传古时有一人住在屠苏庵中，每年除夕夜里，他都给邻里一包药，让人们将药装进布口袋放在井水中浸泡，到正月初一时，再用泡过药的井水对酒，合家欢饮，使全家人一年中都不会染上瘟疫。

（二）清明节

清明节的时间在阳历 4 月 5 日前后。人们一般将寒食节与清明节合为一个节日，有扫墓、踏青的习俗。这个节日饮酒不受限制。清明节饮酒有两个原因：一是寒食节期间，不能生火吃热食，只能吃冷食，饮酒可以使身体发热；二是借酒来平缓人们哀悼亲人的悲伤心情。

（三）重阳节

重阳节又称重九节、茱萸节，时间在农历九月初九，重阳节有登高饮酒的习俗。历代以来，人们逢重九就要登高、赏菊、饮酒，延续至今。明代医学家李时珍说菊花酒具有治头风，明耳目，去痿痹，消百病的疗效。

（四）除夕

除夕俗称大年三十夜。时间在农历年最后一天的晚上。人们有别岁、守岁的习俗。"屠苏酒"原是正月初一的饮用酒品，后来改为在除夕饮用。除夕夜里，全家聚餐，晚辈向长辈敬辞岁酒，这一习俗延续到今。

二、酒令

酒令是筵席上助兴取乐的饮酒游戏，最早诞生于西周，完备于隋唐。白居易诗曰："花时同醉破春愁，醉折花枝作酒筹。"东汉贾逵曾撰写《酒令》。清代俞敦培辑成《酒令丛钞四卷》。

（一）手势类

手势类的酒令也叫划拳、拇战，即甲乙二人分别用某一手势代表某个数，比如五或十，出手的同时，每人报一个数字，如果甲所说的数正好与两人手势代表的数之和相同，则算甲赢，乙就得喝酒。如果两人说的数都对或都不对，则不计胜负，重新再来一次。

（二）骰子类

骰子类酒令是古人常用的酒令之一。有时只用一枚骰子，最多时可达六枚，依令限数，因人、因时而定。此令简单快捷，带有很大的偶然性，不需要什么技巧，全凭运气，特别受豪饮者欢迎。

（三）猜枚类

行酒令之人取些小物件，如棋子、瓜子、钱币、莲子等握于手中，可以猜单双、可以猜数目、可以猜颜色，中者胜，错者罚。

（四）筹类

筹的两个作用：用作计数，计算饮酒的数量；用作罚酒行律的标志。

（五）文戏类

在酒宴席上做文字游戏，如对对联等，兴盛于宋代。

说一说

请列举三个古代与酒有关的故事。

扫码得答案

项目总结

酒从诞生以来就普遍受到人们的喜爱。酒对人、对社会既有益也有害。因此，对酒要有一个客观的认识和正确的态度：消费者既不要因“爱酒”而滥饮，也不必因讨厌酒而排斥酒，要适量、科学、健康饮酒；让酒为沟通亲情友情、维护人际关系、点缀美好生活、获得高雅享受、建设和谐社会发挥积极的作用。本项目主要介绍了中华酒文化，其涉及酒文化的起源，酒的分类、功能及民俗等诸多方面，旨在增强学生的文化底蕴，培养学生的爱国情操，使学生对传统文化形成正确的态度。

知识检测

1. 世界著名的六大蒸馏酒分别是________、________、________、________、________和________。

2. 中华酒文化的起源有五个传说，分别是________、________、________、

________和________。

3. ________素有“国酒”之称。

4. 秉承“药食同源”“酒药同源”，具有独特的“药香”的酒是________。

5. 郎酒香型素有“一树三花”之称，分别是________、________、________。

扫码得答案

【参考文献】

[1] 崔利. 酒的社会功能与生产消费 [J]. 酿酒科技，2007（2）：120－123.

[2] 何秀贤，庄小将. 中国酒文化承载的社会功能——和谐社会视角下酒文化建设问题研究之一 [J]. 中国集体经济，2011（3）：128－129.

项目七
中华戏曲文化

知识目标

使学生了解中华戏曲文化发展简史、中华戏曲主要剧种、经典剧目等，理解其中所蕴含的文化内涵。

能力目标

使学生能够运用历史视野和人类文化学的相关知识，解析中华戏曲中的文化现象，使学生具备较为丰富深厚的中华戏曲文化素养。

情感态度目标

使学生对中华戏曲文化产生认同感和热爱之情，民族自豪感和自信心得到提升。

任务一　中华戏曲文化发展简史

知识梳理

戏曲是中华传统文化，华夏儿女要弘扬中华传统文化。

中华传统文化是中华民族永远的精神支柱，是中华民族发展的坚实基础。中华戏曲是中国的国粹，是中华民族智慧的结晶。中华戏曲是中国古代传统文化、道德观念及古代人精神世界的产物，是中华文明的一部分。它凝聚了中华人民的智慧，中华戏曲把多种传统艺术融合在一起，让人感觉耳目一新，它代表着中国悠久的历史，独特的风土人情。所以中华戏曲极具发扬传承的价值和意义。这种价值和意义会源远流长。

想一想

现代音乐中开始融入古风戏腔，为什么？

一、中华戏曲简况

中华戏曲剧种繁多有趣，表演形式有说有唱，有文有武，集“唱、念、做、打”于一体，在世界戏剧史上独树一帜。中华戏曲的主要特点，以集古典戏曲艺术之大成的京剧为例，一是男扮女（越剧中则常见为女扮男）；二是划分为生、旦、净、丑四大行当；三是有夸张性的化装艺术——脸谱；四是“行头”（即戏曲服装和道具）有基本固定的式样和规格；五是利用“程式”进行表演。

二、中华戏曲发展历程

（一）先秦（萌芽期）

戏曲是中国最具有民族特点和民族风格的艺术形式之一。其最早可以追溯到上古时期用来娱神的原始歌舞。

从春秋战国到汉代，在娱神的原始歌舞中逐渐演变出娱人的歌舞。从汉魏到中唐，又先后出现了以竞技为主的“角抵戏”（即百戏）、以问答方式表演的“参军戏”和扮演生活小故事的歌舞“踏摇娘”等，这些都是萌芽期的戏曲。

（二）唐代中后期（形成期）

中唐以后，中华戏曲飞跃式发展，戏曲艺术逐渐形成。

唐代文学艺术的繁荣，是经济高度繁荣的结果，经济的繁荣促进了戏曲艺术的自立门户，并给戏曲艺术以丰富的营养，诗歌的声律和叙事诗的成熟给了戏曲艺术决定性的影响。音乐舞蹈的昌盛，为戏曲艺术提供了最雄厚的表演、唱腔的基础。教坊梨园的专业性研究，正规化训练，提高了艺人们的艺术水平，使歌舞戏曲化历程加快，产生了一批用歌舞表演故事的戏曲剧目。

（三）宋金（发展期）

宋代的“杂剧”，金代的“院本”和说唱形式的“诸宫调”，从乐曲、结构到内容，都为元代杂剧打下了基础。

（四）元代（成熟期）

到了元代，“杂剧”在原有基础上大大发展，“元杂剧”成为一种新型的戏曲。它具备了戏曲的基本特点，标志着中华戏曲进入成熟期。

12 世纪中期到 13 世纪初，逐渐产生了商业性的演出团体及反映市民生活和市民观点的经典元杂剧剧本，如关汉卿创作的《窦娥冤》、马致远创作的《汉宫秋》以及纪君祥创作的《赵氏孤儿大报仇》等。这个时期是中华戏曲的成熟期。

（五）明清（繁荣期）

明代中后期，传奇作家和传奇剧本大量涌现，其中最具代表性的是汤显祖。他一生写了许多传奇剧本，《牡丹亭》（还魂记）是他的代表作。作品通过杜丽娘和柳梦梅的爱情故事，歌颂了反对封建礼教、追求幸福爱情、要求个性解放的精神。作者给爱情以起死回生的力量，它战胜了封建礼教的束缚，取得了最后胜利。这一点，在当时封建礼教牢固统治的社会里是具有深远社会意义的。这个戏曲作品问世 400

多年来，一直受到读者和观众的喜爱，直到今天，“闺塾”“惊梦”等片段还活跃在戏曲表演舞台上。

明代后期的戏曲舞台，开始流行以表演折子戏为主的风尚。所谓折子戏，是指从有头有尾的全本传奇剧目中摘选出来的曲目。它只是全剧中相对独立的一些片段，但是在这些片段里，场面精彩，唱做俱佳。折子戏的脱颖而出，是戏曲表演艺术强劲发展的结果，观众在熟悉剧情之后，便可尽情地欣赏折子戏的表演技艺了。

（六）近代（革新期）

辛亥革命前后，一批有造诣的戏曲艺术家从事戏曲艺术改良活动，比较著名的有汪笑侬、潘月樵、夏月珊等，他们为后来的戏曲改良积累了宝贵的经验。从1919年“五四运动”到中华人民共和国成立的这段时期内，一些有志之士对戏曲进行了改革。

梅兰芳在“五四”前夕演出了《邓粗姑》《一缕麻》等宣传民主思想的时装新戏，周信芳、程砚秋等也创作了不少的作品。袁雪芬则高举越剧改革之大旗，主演鲁迅名著《祥林嫂》，在中华戏曲中率先形成了融合编、导、舞、音、美为一体的综合艺术机制。

（七）现代（争辉期）

中华人民共和国成立后，涌现了一批优秀剧目，如京剧《将相和》《白蛇传》，评剧《秦香莲》，越剧《梁山伯与祝英台》，昆剧《十五贯》等。以后，又陆续出现了一系列优秀作品，如京剧《白毛女》《红灯记》《奇袭白虎团》，越剧《西厢记》，评剧《刘巧儿》，沪剧《芦荡火种》，豫剧《朝阳沟》等。中华戏曲发展到今天，其不断适应新时代、新观众的需要，保持和发扬民族传统的艺术特色。戏曲界提出的“现代化”与“戏曲化”相融合的问题，已成为新的历史时期戏曲界需要积极探讨和积极实践的问题。

说一说

同学们知道中华戏曲发展历程吗？大家互相讨论一下。

任务二　中华戏曲五大剧种

知识梳理

中华戏曲文化博大精深、源远流长且剧种繁多，经过长期的发展演变，形成了“京剧、越剧、黄梅戏、评剧、豫剧”五大剧种。京剧由徽剧演变而来，是中国国粹，入选《人类非物质文化遗产代表作名录》，京剧代表作有《廉吏于成龙》《奇袭白虎团》《野猪林》《空城计》《霸王别姬》等；豫剧是河南剧种，也是中国最大的地方戏曲剧种，代表作有《穆桂英挂帅》《花木兰》《朝阳沟》等；评剧源于河北唐山，入选《第一批国家级非物质文化遗产名录》，代表作有《小女婿》《刘巧儿》《花为媒》《杨三姐告状》等；越剧，源于浙江，号称第二国剧，代表作有《西厢记》《梁山伯与祝英台》《红楼梦》等；黄梅戏，起源于湖北黄梅，其唱腔优美，代表作有《天仙配》《女驸马》《牛郎织女》等。中华戏曲五大剧种在不同地域广泛流行，其丰富着中华民族的精神文化生活，是中华民族的文化瑰宝。

想一想

一说到中华戏曲，大部分年轻人首先想到的是咿咿呀呀唱起来让人昏昏欲睡的感觉，对于中华戏曲的现代化和未来的发展，同学们认为中华戏曲应该做出哪些改变才会让现代年轻人喜欢并且愿意将其传承下去呢？现代的音乐制作人已经做出了哪些尝试和努力呢？

一、京剧

（一）京剧的发展

京剧，又称平剧、京戏等，是中国影响力最大的戏曲剧种，分布地以北京为中心，遍及全国各地。

清代乾隆五十五年（1790 年）起，原在南方演出的三庆、四喜、春台、和春四大徽班陆续进入北京，他们与来自湖北的汉调艺人合作，同时接受了昆曲、秦腔的部分剧目、曲调和表演方法，又吸收了一些地方民间曲调，通过不断的交流、融合，最终形成京剧。

京剧在文学、表演、音乐、舞台美术等各个方面都有一套规范化的艺术表现形式。京剧的唱腔，以二黄、西皮为主要声腔。京剧伴奏分文场和武场两大类，文场以胡琴为主奏乐器，武场以鼓板为主奏乐器。京剧的行当分为生、旦、净、丑、杂、武、流等，其中后三行已不再立专行。京剧各行当都有一套表演程式，唱念做打的技艺各具特色。京剧以历史故事为主要演出内容，传统剧目有1300多个，常演的为300～400个。

京剧流播全国，影响甚广，有“国剧”之称。以梅兰芳命名的京剧表演体系被视为东方戏剧表演体系的代表，为世界三大表演体系之一。京剧是中华传统文化的重要表现形式之一，其中的多种艺术元素被视为中华传统文化的象征符号。

2006年5月，京剧被国务院批准列入《第一批国家级非物质文化遗产名录》。2010年，京剧被联合国教科文组织列入《人类非物质文化遗产代表作名录》。

（二）京剧四大流派

京剧的四大流派主要指旦角的四大流派，分别为梅派（梅兰芳）、程派（程砚秋）、荀派（荀慧生）、尚派（尚小云）。

梅派的创始人是梅兰芳，梅兰芳毕生追求艺术的至高境界，用自己的表演创造出大量善良、温柔、华贵、典雅而具有正义感的古代妇女形象。代表剧目有《霸王别姬》《贵妃醉酒》《天女散花》《打渔杀家》等。梅兰芳集京剧旦角艺术的大成，综合青衣、花旦、刀马旦的表演特点，创造出自己特有的表演形式和唱腔——梅派。梅兰芳之子梅葆玖，也是梅派的领军人物。

程派的创始人是程砚秋，其主要以深邃曲折的唱腔，通过娴静凝重的舞台形象表现古代的女性，尤其善于塑造遭遇悲惨、具有外柔内刚性格的中下层古代女性。代表剧目有《四郎探母》《武家坡》《三娘教子》《锁麟囊》等。

荀派的创始人是荀慧生，其善于塑造天真、活泼、热情的少女形象，具有柔媚娇婉的风格。代表剧目有《钗头凤》《柳如是》《美人一丈青》《杜十娘》《红娘》等。

尚派的创始人是尚小云，其以刚健婀娜为特有风格，唱、念、做、打均不尚纤巧，而是以气与力取胜，具有阳刚之美。代表作有《昭君出塞》《梁红玉》等，塑造了一批巾帼英雄和侠女烈妇的形象。

（三）京剧经典剧目

1.《霸王别姬》

《霸王别姬》是京剧艺术大师梅兰芳表演的梅派经典名剧之一。

故事叙述：秦末，楚汉相争，韩信命李左车诈降项羽，诓项羽进兵。在九里山十面埋伏，将项羽困于垓下（今安徽省灵璧县东南）。项羽突围不出，又听得四面楚歌，疑楚军尽已降汉，在营中与虞姬饮酒作别。虞姬自刎，项羽杀出重围，迷路，至乌江，感到无面目见江东父老，自刎于江边。

2.《锁麟囊》

《锁麟囊》取材于清代的一段民间故事。

这出戏讲的是：登州富户之女薛湘灵自幼受母溺爱，出嫁时获陪嫁无数，另有一只锁麟囊（锁麟囊是绣有麒麟的“锦袋”“荷包”），内装奇珍异宝。赵守贞是贫士之女，身世凄凉。一贫一富两个出嫁的女子，偶然在出嫁路上相遇，富家女（薛湘灵）同情贫家女的身世，解囊相赠。十年之后，贫女致富而富女则陷入贫困之中。贫女耿耿思恩，将富女所赠之囊供于家中，以志不忘。最后两妇相见，感慨今昔，结为异姓姐妹。

3.《钓金龟》

《钓金龟》的故事最早见于清末《古柏堂传奇》中唐英改编的《双钉案》。该剧讲述的是：宋代年间，河南孟津康氏早年丧夫，有两子，长子张宣娶妻王氏，次子张义。张宣赴试得中，官至祥符县令，寄回书信接家眷。不想书信错投其妻王氏娘家，王氏素与婆母康氏、张义不和，遂丢下母、弟不顾，独自前往祥符县团聚。

张义每日在孟津河钓鱼奉养母亲。一日，钓得金龟，大喜，归家途中从乡邻处得知其兄做了祥符县令，归家后告诉母亲。康氏遣子张义至祥符县寻兄，去后杳无音信，乃亲往祥符。

途中恍惚见张义满面是血，大疑。至祥符县，长子张宣迎入，康氏询问张义下落，张宣支吾以对，后告母亲弟已身死。康氏往灵前哭祭，张义托兆，告嫂王氏觊觎金龟，将己毒死。康氏乃往包拯处控告，包拯为之昭雪。

4.《**盗御马**》

《盗御马》的故事见于清代小说《施公案》。该剧讲述的是，清初，绿林好汉“铁罗汉”窦尔敦，久占河间一带，因不服黄三太执金镖借银，窦尔敦、黄三太二人遂约定比武较量，在比武过程中，黄三太落败，遂使用暗器打伤窦尔敦。窦尔敦后盗得康熙皇帝恩赐给梁九公的御马，然后栽赃黄三太，以报前仇。

窦尔敦孤身“盗御马”，赴险境救母，刑场傲然不屈，都是宝贵的品质，《说唱脸谱》中“蓝脸的窦尔敦盗御马，红脸的关公战长沙，黄脸的典韦，白脸的曹操，黑脸的张飞叫喳喳”，说明窦尔敦也是一位英雄人物。

5.《**四郎探母**》

《四郎探母》的故事取材于《杨家将演义》及民间故事，大致剧情是：杨继业的四子杨延辉在宋、辽金沙滩一战中被辽掳去，改名木易，与铁镜公主结婚。十五年后，杨延辉听说六弟杨延昭挂帅、老母佘太君押粮草随营同来，不觉思亲之情油然而生。铁镜公主在萧太后处诓骗出令箭，杨延辉凭令箭趁夜混过关口，到宋营探母。

6.《**长坂坡**》

京剧《长坂坡》是依据《三国演义》改编的京剧传统剧目。

故事叙述：刘备自新野撤走，在长坂坡被曹操深夜率兵追及，与所属部队及家眷失散；赵云舍生忘死，单枪匹马冲入曹营，屡涉险境，终于在千军万马中救出简雍、糜竺；后又奋力拼搏，保护甘夫人及刘备幼子阿斗，突出重围。

7.《**群英会**》

京剧《群英会》是依据《三国演义》改编的京剧传统剧目。

故事叙述：曹操谋士蒋干，与周瑜是故交，请求过江劝降周瑜。周瑜将计就计，隆重宴请诸将和挚友，号称“群英会”。席间歌舞欢庆，周瑜相邀蒋干共眠，旋即佯装酒醉，暗将伪造的蔡瑁、张允的投降书信置于案头。

蒋干劝降不果，万般无奈，趁周瑜“熟睡”之际，翻阅文案，“偶遇”此信，大为惊恐，连夜返回江北，告知曹操。曹操即刻斩了蔡、张两人。周瑜暗喜曹操中计，除去了谙熟水战的将领。

8.《**空城计**》

《空城计》是京剧的传统经典剧目之一，叙述的是蜀国丞相诸葛亮因错用马谡而失掉战略要地——街亭，魏将司马懿乘势带领十余万大军攻打诸葛亮驻地。当时，驻地城中精锐俱已遣出，驻地城中空虚，只有老弱士兵，寡不敌众，情势万分危急。

诸葛亮定下空城之计，将城门大开，从容不迫，若无其事地登上城楼观山赏景，饮酒抚琴。司马懿兵临城下，见诸葛亮端坐城楼，笑容可掬，焚香弹琴，疑惑不已，深恐中计，疑有伏兵，不进而退。

9. **《打渔杀家》**

《打渔杀家》是京剧的优秀剧目之一。

故事叙述：梁山老英雄阮小七易名萧恩获得一颗宝珠，将宝珠顶在头上入水，可以避水开路。萧恩与众兄弟分手后，带女儿在江边打鱼为生。遇故人李俊携友倪荣来访，同饮舟中。

因天旱水浅，打不上鱼，欠下了渔霸丁士燮的渔税，丁士燮遣家丁催缴渔税，李、倪斥之，得罪了丁府。丁府派师爷率家丁锁拿萧恩，萧恩忍无可忍，将众人打得落花流水。

而后萧恩又上衙门，状告渔霸丁士燮，但丁府与官衙勾结，县官吕子秋反将萧恩杖责四十，且逼其过江至丁府赔礼。萧恩愤恨之下大发英雄神威，带着女儿黑夜过江，以献宝珠为名，夜入丁府，杀了渔霸全家。

二、越剧

越剧——中华第二大戏曲剧种，被称为“流传最广的地方剧种”。越剧发源于浙江嵊州，发祥于上海，繁荣于全国，流传于世界，在发展中汲取了昆曲、绍剧等特色剧种之大成。

越剧长于抒情，以唱为主，声音优美动听，表演真切动人，唯美典雅，极具江南灵秀之气；越剧多以“才子佳人”题材为主，艺术流派纷呈，公认的就有十三个流派。越剧主要流行于上海、浙江、江苏、福建、江西、安徽等广大南方地区，以及北京、天津等大部分北方地区，鼎盛时期除西藏、广东、广西等少数省、自治区外，全国几乎都有专业越剧团存在。

至2006年，越剧有大量上演剧目，其中有影响力而又经常演出的剧目如：《梁山伯与祝英台》《红楼梦》《西厢记》《祥林嫂》《碧玉簪》《追鱼》《情探》《玉堂春》《打金枝》《西厢记》《孔雀东南飞》等。

其中广为大众熟知的剧目有《红楼梦》《梁山伯与祝英台》等。

三、黄梅戏

黄梅戏，旧称黄梅调、采茶戏等，起源于湖北黄梅，发展壮大于安徽安庆一带。黄梅戏是安徽主要地方剧种，黄梅戏唱腔优美、淳朴、流畅，以明快抒情见长，具有丰富的表现力；表演质朴细致，以真实活泼著称。一曲《天仙配》让黄梅戏流行于大江南北，在海外亦有较高的声誉。

黄梅戏的优秀剧目有《天仙配》《牛郎织女》《女驸马》等。黄梅戏已成为深受全国观众喜爱的剧种。

四、评剧

评剧，流传于中国北方，是汉族传统戏曲剧种之一，是广大人民喜闻乐见的戏曲剧种之一。评剧是以河北滦州一带流行的对口“莲花落”为基础，吸收东北二人转的音乐和剧目，后来又吸收京剧、皮影、大鼓等的音乐和表演艺术，并在演出中采用全套河北梆子乐器伴奏，形成评剧的基本样式，后来在实践中得到进一步的发展和完善。《刘巧儿》《花为媒》《杨三姐告状》《秦香莲》等是评剧的经典剧目。

五、豫剧

豫剧，发源于中原（河南），主要流行于河南省，在全国各地都有流传。豫剧是在河南梆子的基础上不断继承、改革和创新发展起来的。作为中国第一大地方戏曲剧种，豫剧也跟随河南卫视、河南豫剧院、中国台湾豫剧团等演出团体到访过世界诸多国家，如澳大利亚、意大利、法国、加拿大等国家。

豫剧以唱腔铿锵大气、抑扬有度、行腔酣畅、吐字清晰、韵味醇美、生动活泼、善于表达人物内心情感著称，凭借其高度的艺术性而广受各界人士欢迎。因其音乐伴奏用枣木梆子打拍，故早期得名河南梆子。

豫剧的传统剧目近千种，其中很大一部分取材于历史小说和演义，如三国戏、瓦岗戏、包公戏，还有以宋代为背景的戏如杨家将和岳家将等题材，还有很大一部分描写爱情、婚姻、道德伦理的戏。中华人民共和国成立之后，出现了不少描写现实生活的现代戏和新编历史剧。

传统剧目《对花枪》《红娘》《花木兰》《穆桂英挂帅》等长期以来在舞台上盛演不衰。

豫剧的群众基础非常深厚，小到刚刚学会说话的小朋友，上到耄耋之年的老者，都有豫剧的爱好者和票友。

任务三　中华戏曲其他地方戏

知识梳理

中国地域辽阔，民族众多，各地的方言不同，除了京剧以外，还形成了丰富多彩的地方戏。据统计，中国的地方戏遍及全国各地，有300多种，可以称得上世界之最。除了以上的五大剧种之外，几乎每个地区都有自己的地方戏，在当地影响都很广泛，如河北梆子、晋剧、秦腔、粤剧等，同学们应该尽量多了解一些地方戏的相关知识，这是中华民族的艺术瑰宝。

想一想

如果同学们当中有河北人，作为河北人的你知道河北的地方戏都有哪些吗？

戏曲最显著、最独特的艺术特点就是“曲”，“曲”主要由音乐和唱腔两部分构成，辨别地方戏戏曲剧种主要依靠声腔、音乐旋律和唱念上的地方性语言，如四川的川剧、浙江的越剧、广东的粤剧、陕西的秦腔、山东的吕剧、福建的闽剧、湖北的汉剧、江苏的昆剧等。

一、河北梆子

河北梆子是中国梆子腔的一个重要支脉，最早形成于清道光年间（1821—1850年），清光绪年间进入兴盛时期。河北梆子不但擅长表现历史题材，而且能很好地反映现实生活；在舞台艺术上，河北梆子具有明朗、刚劲、华丽、委婉的特点，河北梆子流行于河北、天津、北京以及山东、河南、东北等地区，是中国北方影响力较大的地方戏戏曲剧种之一。河北梆子在其兴盛期，还曾传入中国江淮地区以及俄罗斯和蒙古国境内。

河北梆子的代表性剧目有《蝴蝶杯》《秦香莲》《辕门斩子》《南北和》《打金枝》《杜十娘》等。

二、秦腔

秦腔，别称“梆子腔”，是中国最古老的戏曲之一，起于西周，成熟于秦。

古时陕西、甘肃一带属秦国，所以称为“秦腔”。因为早期秦腔演出时，常用枣木梆子敲击伴奏，故又名“梆子腔”。秦腔形成后，流传于全国各地，其整套成熟、完整的表演体系，对各地的地方戏产生了不同程度的影响。秦腔的表演技艺朴实、粗犷、豪放，富有夸张性，生活气息浓厚，技巧丰富。

秦腔作为一种地方戏，其一大特点是所谓的唱、念全都是以陕西关中方言为基础的，同时融入了中国汉唐时期的一些诗、词、曲的语言，这些语言特点与音乐特点相融合，共同形成了秦腔艺术独特的声腔风格，即语调高亢激昂、语音生硬、语气硬朗结实等。

秦腔所演的剧目有神话、民间故事等。它的传统剧目丰富，备受观众喜爱的剧目有《春秋笔》《八义图》《紫霞宫》《和氏璧》《哭长城》《伐董卓》《白蛇传》《法门寺》《铁公鸡》《长坂坡》《卖华山》《临潼山》《三娘教子》《柜中缘》《献西川》等。

三、晋剧

山西是中华戏曲艺术的发祥地之一，出现于明末清初的蒲州梆子逐步发展成如今的晋剧。

晋剧，山西“四大梆子”剧种之一，又名山西梆子。因产生于山西中部，故又称中路梆子，主要流行于山西中部、北部及陕西、内蒙古和河北的部分地区。晋剧特点是旋律婉转、流畅，曲调柔美、圆润、亲切，道白清晰，具有晋中地区浓郁的乡土气息。

晋剧传统剧目丰富，包括《渭水河》《打金枝》《临潼山》《乾坤带》《沙陀国》《战宛城》《白水滩》《金水桥》《火焰驹》《梵王宫》等。每一部晋剧无不表现出其独有的特点。

四、粤剧

粤剧，又称“广东大戏”，以粤方言演唱。粤剧形成于广东，后传入广西、中国香港、中国澳门等地，在东南亚和美洲各国有华侨居住的地方均有粤剧演出。

粤剧的传统剧目早期主要有《一捧雪》《二度梅》《三官堂》《四进士》《五登科》，后又出现《黄花山》《西河会》《双结缘》《雪重冤》和《苏武牧羊》《黛玉葬花》等。

项目总结

中华戏曲是中国特有的融合了歌唱、舞蹈、表演、美术、音乐等多种艺术手段的综合性舞台艺术，中华戏曲与古希腊悲喜剧和印度梵剧并称为人类三大古老戏剧，中华戏曲至今还有着旺盛的生命力。中华戏曲文化是中华文明的重要组成部分，对塑造中华民族的性格发挥着重大作用。中华戏曲把曲词、音乐、美术、表演的美熔铸为一，用节奏统驭在一个剧目里，并且达到和谐统一。中华戏曲充分运用各种艺术手段的感染力，形成中国独有的节奏鲜明的表演艺术。本项目主要介绍中华戏曲文化，涉及中华戏曲发展历程、中华戏曲五大剧种以及几种地方戏的介绍，旨在增加学生对中华戏曲文化的了解，增强学生中华戏曲文化的底蕴，使学生形成正确对待中华戏曲文化的态度。

知识检测

1. 京剧的行当分为（　　）（　　）（　　）（　　）。
2. 京剧的四大流派指的是（　　）（　　）（　　）（　　）。

活动思维

1. 某班准备以“戏曲杂谈”为话题，组织开展一次综合性活动，全班同学都要积极参与。

活动第一项：主持人介绍“戏曲杂谈”的组织安排。

活动第二项：各小组才艺展示（要求尽量与戏曲相关）。

活动第三项：集思广益互相评。

活动第四项：总结。

2. 面对部分中国人（尤其是青年人）对中华戏曲越来越不感兴趣的情况，一些学者提出了“保卫中华戏曲，弘扬传统文化”的主张。对弘扬中华戏曲文化，你有什么好的建议？请写出一条。

综合运用

“舞台虽小内容宽，古今中外故事藏。牛郎织女渡鹊桥，梁祝化蝶比翼翔。三国水浒是经典，西游红楼美曲扬。神话传说流传久，人间处处真情留。”请尝试将以上语句中的戏曲故事讲给大家听。

扫码得答案

【参考文献】

［1］梁国楹，王守栋．中国传统文化精要［M］．北京：人民出版社，2011.

［2］周晓孟，沈智．国人必知的2300个民俗常识［M］．沈阳：万卷出版公司，2010.

［3］杨燕．电视戏曲文化名家纵横谈［M］．北京：中国传媒大学出版社，2009.

［4］时芹．艺术欣赏［M］．天津：南开大学出版社，2017.

戏曲文化随想